VENTE AU CHATEAU DE TROUSSAY

Près Cour-Cheverny (Loir-et-Cher)

Les 26, 27, 28, 29 et 30 septembre 1887

CATALOGUE

DE LA BIBLIOTHÈQUE

(LIVRES ET DOCUMENTS ORIGINAUX)

De feu M. L. DE LA SAUSSAYE

RECTEUR DE L'ACADÉMIE DE LYON
MEMBRE DE L'INSTITUT

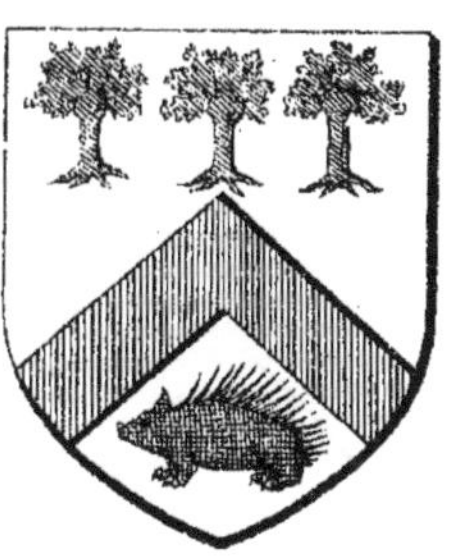

Exposition publique le Dimanche 25 septembre,
de midi à cinq heures

SOUS PRESSE :

Notice des livres d'art, de littérature et d'histoire, composant la bibliothèque de feu M. D..., juge de paix, dont la vente aura lieu à Vendôme, le lundi 10 octobre 1887 et jours suivants.

Catalogue des livres relatifs aux beaux-arts, à l'histoire de France et à l'archéologie composant la bibliothèque de feu M. M..., dont la vente aura lieu en octobre 1887.

CATALOGUE

Le château de Troussay, situé commune de Cour-Cheverny (Loir-et-Cher), est desservi d'un côté par la route de Blois à Contres, et de l'autre par la station de Cour-Cheverny, distante de 3 kilomètres de la propriété. Départ de Blois à 9 heures du matin, arrivée à Cour-Cheverny à 9 heures 52. — Un service d'omnibus y sera établi pour la durée de la vente.

ORDRE DES VACATIONS

1re. *Lundi 26 septembre*	Nos	**1** à **87**
		567 à **655**
		915 à **966**
2e. *Mardi 27 septembre*	Nos	**291** à **386**
		475 à **566**
		1010 à **1053**
3e. *Mercredi 28 septembre*.	Nos	**656** à **747**
		188 à **290**
		1054 à **1094**
4e. *Jeudi 29 septembre*	Nos	**967** à **1009**
		748 à **837**
		88 à **187**
5e. *Vendredi 30 septembre*	Nos	**838** à **914**
		387 à **474**
		1095 à la fin

CONDITIONS DE LA VENTE

Elle sera faite au comptant.

Les acquéreurs paieront, en sus des adjudications, dix centimes par franc, applicables aux frais.

Les articles seront vendus tels qu'ils sont annoncés, sans garantie, et ne seront repris pour aucune cause.

M. H. HERLUISON, libraire à Orléans, chargé de la vente, remplira les commissions qu'on voudra bien lui confier.

IMP. GEORGES JACOB, — ORLÉANS.

CATALOGUE
DES LIVRES
ANCIENS ET MODERNES

COMPOSANT

LA BIBLIOTHÈQUE DE FEU M. L. DE LA SAUSSAYE

RECTEUR DE L'ACADÉMIE DE LYON
MEMBRE DE L'INSTITUT
COMMANDEUR DE LA LÉGION-D'HONNEUR

Dont la vente aura lieu au château de Troussay (Loir-et-Cher)

LE LUNDI 26 SEPTEMBRE 1887 ET JOURS SUIVANTS
A UNE HEURE DE RELEVÉE

Par le ministère de Me HUAN, notaire à Contres
Assisté de M. H. HERLUISON, libraire-expert à Orléans

ORLÉANS
H. HERLUISON, LIBRAIRE
17, RUE JEANNE-D'ARC, 17

1887

THÉOLOGIE

1. H. KAIN. ΔΙΑΘΗΚΗ. Novum testamentum, juxta exemplar millianum. *Londini, Impensis Bagster*, 1813, in-32 cart., n. rog.

2. Novum testamentum grecum cum vulgata interpretatione latina græci contextus lineis inserta cum notis Ben. Arie Montani hispalensis. *Genevæ, Samuelem Crispinum*, 1623, in-12, rel. veau, plats et dos semés de fleurs de lys, tr. dor.

   Exemplaire du grand Condé, dont les armes figurent sur les plats, entourées du collier de l'Ordre de Saint-Michel.

3. Le cantique des cantiques attribué à Salomon, traduit de l'hébreu, accompagné d'une version latine littérale, suivi de notes et d'une traduction en vers du XIIIe siècle, par Ch. Richelet. *Paris, Techener*, 1843, in-8 cart., n. rog.

   Envoi autographe de l'auteur.

4. Les évangiles apocryphes, traduits d'après l'édition de Thilo, par G. Brunet. *Paris, Hérold*, 1863, in-12, demi-chagr.

5. Hore beate Marie Virginis secundum usum romanum, absque requisitione aliqua cum pluribus orationibus in gallico et latine. *Parisiis, Simon Vostre*, 1506, in-8 rel. en velours, tranche dor.

   Heures imprimées sur vélin, avec bordures et planches gravées sur bois, initiales en couleur. Elles sont composées de 140 ff.; les 2 ou 3 derniers manquent.

6. Le promptuaire des conciles de l'Église catholique avec les scismes et la différence d'iceulx, faict par Jean le Maire de Belges, élégant hystoriographe. Traité singulier et exquis. *De l'imprimerie de Denys Janot : pour Galliot du Pré, libraire juré de l'Université de Paris*, 1545, pet. in-12, v. ant., fil.

7. De la psychologie de saint Augustin, par Ferraz. *Paris, Durand*, 1862, in-8, demi-rel. v. fauve.

   Envoi autographe de l'auteur.

8. Petri Abælardi, sic et non, primum integrum ediderunt E. L. T. Henke et G. S. Liodenkohl. *Marburgi*, 1851, in-8 cart.

9. Les origines du christianisme d'après la critique rationaliste contemporaine, par l'abbé E. Castan. *Moulins*, 1868, in-8, demi-rel. v. fauve.

10. La religion triomphante par les plus grands hommes, par Henri Bretonneau. *Paris, Sagnier,* 1845, in-8, demi-rel. v. bl.

Envoi autographe de l'auteur.

11. Des prédicateurs au XVIIIe siècle avant Bossuet, par Jacquinot. *Paris, Didier,* 1863, in-8, pap. vergé, demi-rel.

12. De la controverse de Bossuet et de Fénelon sur le quiétisme, par A. Bonnel. *Paris,* 1850, in-8, demi-rel.

13. Manipulus curatorum. Cy commence le confessionnal appelle le directoire des confesseurs, fait par vénérable homme maistre Jehan Jarson, docteur en théologie de Paris. *S. l. n. d.* (XVe siècle), en 1 vol. in-fol., demi-rel., chag.

Caract. goth. à 2 colonnes, 42 lignes par page pour le premier traité et 39 pour le second.

14. La régle de Fontevrault. Incipit prologus in regulam monasterium reformationis Fontis Ebraldi. Pet. in-8, v. estamp. (*rel. du temps*).

Joli petit manuscrit du XIIIe siècle, avec initiales peintes et dorées, composé de 121 ff. de vélin mince. Chaque page contient 20 lignes d'écriture gothique, encadrement or au premier feuillet. Dans la lettre initiale figure une abbesse de Fontevrault.

15. Reflexioeu ar er pedair fin deuéhan memorare novissima tua et in æternum non peccabis. *E. Guénet e ty er vugalé. Galles,* 1804, in-12 rel.

16. Amoris divini et humani antipathia. Les effets de l'amour divin et humain richement exprimez par petits emblèmes tirés des SS. Escritures et des SS. Pères. *Paris, Guillaume le Noir,* fig. de Van Lochon, rel. en parch.

17. Les sainctes prières de l'ame chrestienne. Escrites et gravées après le naturel de la plume, par P. Moreau, m[e] escrivain juré à Paris. *Paris, Jean Henault,* 1649, pet. in-8, peau de truie comp., fil., tr. dor.

18. Œuvres de saint Vincent de Lerins et de saint Eucher de Lyon, traduct. nouvelle, texte en regard, par Grégoire et Collombet. *Lyon,* 1834, in-8, demi-chag. rouge.

19. Lettres de sainte Catherine de Sienne, traduites de l'italien par E. Cartier. *Paris, veuve Poussielgue-Rusand,* 1858, 3 vol. in-8, demi-rel. v. rouge.

JURISPRUDENCE

20. Recueil par ordre alphabétique des maximes et décisions diverses de jurisprudence In-fol., parch. jasp.

Manuscrit du XVIIIe siècle sur papier. Il est attribué à un avocat de Blois.

21. Les codes français collationnés sur les textes officiels par Louis Tripier. *Paris, Cotillon*, 1856, in-8, demi-chag.

22. Les origines de l'histoire des procureurs et des avoués depuis le Ve siècle jusqu'au XVe (422-1483), par Charles Bataillard. *Paris, Cotillon*, 1868, in-8, demi-chag. bleu.

Envoi autographe de l'auteur.

23. Institutes coutumières d'Antoine Loisel, avec les notes d'Eusèbe de Laurière, édit. revue par Dupin et E. Laboulaye. *Paris*, 1846, 2 in-12, demi-rel.

24. Recueil général des formules usitées dans l'empire des Francs, du Ve au Xe siècle ; — par la chancellerie pontificale du Xe au XIe siècle. *Paris, Durand*, 1859-1871, 3 in-8, pap. vergé broché.

Avec envois et une lettre autographe de l'auteur.

25. Maximes de droit public, criminel, commercial, maritime, en 1 vol. in-fol., v. porph.

Manuscrit du XVIIe siècle, composé de 739 pages. Il a appartenu à Colbert, dont il porte l'écusson armorié sur les plats, le chiffre et la couleuvre sur le dos.

SCIENCES ET ARTS

Sciences philosophiques.

Morale.

26. Les entretiens d'Épictète recueillis par Arrien, trad. nouvelle par Courdaveaux. *Paris, Didier*, 1862, in-8, demi-rel. bas.

Envoi autographe de l'auteur.

27. Commentaire sur le Cratyle de Platon, par Charles Lenormant, membre de l'Institut. *Athènes, imp. Coromélas*, 1861, in-8, demi-rel. chag.

Envoi autographe de l'auteur.

28. Recherches critiques sur l'âge et l'origine des traductions latines d'Aristote et sur les commentaires grecs ou arabes employés par les docteurs scolastiques, par Amable Jourdain, édit. revue par Charles Jourdain. *Paris, Joubert*, 1843, in-8, demi-rel., v. f.

29. Philosophumena sive hæresium omnium confutatio, opus Origeni adscriptum, e codice Parisino productum recensuit, latine vertit, cum notis Patricii Cruice. *Parisiis, excusum in typographeo Imperiali*, 1860, in-8, texte grec, latin, br.

30. Cours de philosophie, professé par Pierre Pade, docteur de Sorbonne et licencié en philosophie et dédié à Florimond Debaune, 1618, in-4 v. fauve, fil., réglé.

Manuscrit sur papier composé de deux parties. La première contient 537 pp., la seconde 217. Le nom de Florimond de Baune est poussé en or sur les plats.

31. Histoire de la philosophie cartésienne, par Francisque Boullier. *Paris, Durand*, 1854, 2 vol. in-8, demi-chag. rouge.

Envoi autographe de l'auteur.

32. Du principe vital et de l'âme pensante ou examen des diverses doctrines médicales et psychologiques sur les rapports de l'âme et de la vie, par F. Boullier. *Paris, Baillière*, 1862, in-8, demi-chag. rouge.

Envoi autographe de l'auteur.

33. Briefwechsel zwischen Leibniz und Arnauld von C. L. Grotefend. *Hannover*, 1846, in-8 mar. rouge, fil., ornements dor. sur les plats, tr. dor.

34. La philosophie de saint Thomas d'Aquin, par Charles Jourdain. *Paris, Hachette*, 1858, 2 vol. in-8, demi-rel. v. fauve.

Envoi autographe de l'auteur.

35. Moralistes et philosophes, par A. Franck. *Paris, Didier*, 1872, in-8 broch.

Envoi autographe de l'auteur.

36. Les théories logiques de Condillac, par L. Robert. *Paris, Hachette*, 1869, in-8 broché.

Éducation.

37. De l'éducation, par Mgr Dupanloup, évêque d'Orléans. *Paris*, 1861-62, 3 vol. in-8 br.

38. Du devoir dans l'éducation, souvenirs du pensionnat des Chartreux, discours prononcé par l'abbé Hyvrier. *Lyon, L. Perrin*, 1864, in-8, pap. teinté, demi-rel. mar. vert.

Envoi autographe de l'auteur.

39. La civilité qui se pratique en France, parmi les honnêtes gens, pour l'éducation de la jeunesse, avec les quatrains du sage M. de Pybrac. *Blois, P. J., Masson*, 1740, pet. in-8, mar. rouge ant., fil., dent. intér., tr. dor.

40. Essai sur l'histoire de l'instruction publique en Chine et de la corporation des lettrés, par Ed. Biot. *Paris, B. Duprat*, 1845, in-8, demi-rel. v. fauve.

41. Plan de lecture pour une jeune dame, par C. F. A. de Lezay-Marnésia. *Paris, Louis*, 1800, in-8, v. rac.

42. Essais sur l'instruction publique, par Charles Lenormant. *Paris, Didier*, 1873, in-12 br.

43. L'instruction publique au Canada, par Chauveau. — Le 2e centenaire de l'érection du diocèse de Québec. *Québec*, 1876-74, 2 vol. in-8 br.

44. Annales de la Société d'éducation de Lyon. *Lyon*, 1842-65, en 1 vol. in-8, demi-rel., chag.

Sciences physiques et naturelles. — Médecine, etc.

45. Exposition et histoire des principales découvertes scientifiques modernes, par Louis Figuier. 6e édit. *Paris*, 1862, 4 tomes en 2 vol. in-12, demi-chag.

46. Œuvres scientifiques de Gœthe analysées et appréciées par Ernest Faivre. *Paris, Hachette*, 1862, in-8, demi-chag. bleu.
Envoi autographe de l'auteur.

47. Discours sur les révolutions du globe, par le baron Cuvier. *Paris*, 1830, in-8, demi-rel.

48. Le tableau de la nature ou de l'univers considéré sous les rapports physique et mécanique, 3e édit., par J.-D. M. (Messivier). *Blois, imp. E. Dezain*, 1830, in-8, demi-rel. v. ant.

49. Guide pratique de minéralogie appliquée, par Nouguès. *Paris, s. d.* 2 vol. in-12, demi-rel. chag. n.

50. Traité général pratique des eaux minérales de la France et de l'étranger, par Pétrequin et Socquet. *Lyon*, 1859, gr. in-8, demi-rel.

51. Description du mont Pilat, par Jean de Choul, nouv. édit., avec la trad. en regard par E. Mulsant. *Lyon, Pitrat*, 1868, 2 vol. in-12, pap. teinté, broch.
Envoi autographe de l'auteur.

52. Maison rustique du XIXe siècle, publiée sous la direction du docteur Alex. Bixio. *Paris*, 1844, 4 vol. gr. in-8, fig., demi-rel. v. fauve.

53. Botanique populaire, par H. Lecoq. *Paris*, 1862, in-12, demi-rel.

54. Flore fourragère de la France, reproduite par la méthode de compression dite phytoxygraphique et publiée par Edme Ansbergue. *Lyon, E. Ansbergue*, 1866, in-fol. cart.

55. Cordier. Les champignons de la France. Histoire, description, culture, usages, avec 8 vig. et 60 pl. en chromolithographie. *Paris, Rothschild*, 1870, gr. in-8 broch.

56. Atlas des champignons comestibles et vénéneux, représentant 100 espèces les plus répandues, par J. Roques. *Paris, V. Masson*, 1864, in-4, 24 pl. en coul., cart.

57. Cours élémentaire d'histoire naturelle, zoologie, par E. Mulsant. *Lyon*, 1850, gr. in-8, fig., demi-chag. La Vall.
Envoi autographe de l'auteur.

58. Zoologie, par A.-F. Nouguès. *Paris, Masson*, 1870, pet. in-8, fig., broch.

59. Lettres à Julie sur l'entomologie, par E. Mulsant. *Lyon, L. Babeuf*, 1830, 2 vol. in-8, fig., demi-rel. chag. La Vall.

60. Opuscules entomologiques, par Mulsant. *Paris*, 1852-1863, 13 cahiers en 3 vol. gr. in-8, planches, demi-rel. mar. La Vall.

61. Histoire naturelle des coléoptères de France, par Mulsant et Rey. *Paris* et *Lyon*, 1846-1864, en 3 vol. gr. in-8, mar. La Vall.
Longicornes, sulcicoles, securipales, barbipales, latipennes, térédiles.

62. Histoire naturelle des coléoptères de France, par E. Mulsant et Cl. Rey. Lamellicornes, pectinicornes. *Paris, Deyrolle*, 1871, fort vol. in-8 broch.
Envoi autographe de Mulsant.

63. Souvenirs d'un voyage en Allemagne, par E. Mulsant. *Paris, Magnien*, 1862, gr. in-8, demi-rel. chag. v.
Envoi autographe de l'auteur.

64. Influence de la physiologie moderne sur la médecine pratique, par Delore et A. Berne. *Paris, V. Masson*, 1864, in-8, demi-chag. bl.
Envoi autographe de l'auteur.

65. Physiologie élémentaire de l'homme, par J.-L. Brachet. *Paris, Germer-Baillière*, 1855, 2 vol. in-8, demi-chag. La Vall.
Envoi autographe de l'auteur.

66. Psychologie comparée, par Flourens. *Paris*, 1864, in-12, demi-rel.

67. Méthodes nouvelles de traitement des maladies articulaires, par A. Bonnet. *Paris, Baillière*, 1859, in-8, demi-chag. r.

68. L'art de procréer les sexes à volonté, ou histoire physiologique de la génération humaine, 4e édit. *Paris, Migneret, s. d.*, in-8 cart., n. rog.

69. Livre du chevalier allemand Ulrich de Hutten sur la maladie française et sur les propriétés du bois de gayac, trad. par le docteur Potton. *Lyon, imp. Louis Perrin,* 1865, in-8, pap. teinté, demi-rel., dos et coins cuir de Russie, tête dor., n. rog.

Avec envoi autographe de l'auteur.

70. Regimen sanitatis salernitanum necnon magistri Arnoldi de Novavilla feliciter incipit. *S. l. n. d.* (*XVIe siècle*), pet. in-4, caract. gothique, rel. en parch.

Cet exemplaire porte sur la garde cette mention, de la main du possesseur : *Joannes Bernier, Blesensis medicus, Monspeliensis.*

71. Traité pratique des maladies de l'enfance, par F. Barrier. *Paris, Chamerot,* 1861, 2 vol. in-8, demi-rel. chag. rouge.

Envoi autographe de l'auteur.

72. Traité spécial d'hygiène des familles dans ses rapports avec le mariage, au physique et au moral, par le docteur Devay. *Paris, Labé,* 1858, in-8, demi-rel. chag.

73. Le grant herbier en françoys, contenant les qualitez, vertus et propriétez des herbes, arbres, gommes, semences, huylles et pierres précieuses. Extraict de plusieurs traictez de médecine, comme de Anicenne Ralis, Constantin, Isaac, Plataire et Ypogcras selon le commun usaige. *Imprimé à Paris, par Jehan Janot,* imprimeur et libraire juré en l'Université, à l'enseigne de *Sainct-Jehan-Baptiste,* près Saincte-Geneviefve-des-Ardans, in-4. Caract. goth., fig. sur bois dans le texte et marque de J. Janot à la fin, rel. en peau de truie.

74. Les éléments de l'artillerie, concernant tant la théorie que la pratique du canon, enrichis de l'invention d'une nouvelle artillerie qui ne se charge que d'air ou d'eau pure, plus d'une nouvelle façon de pouldre à canon très violente qui se faict d'or par un excellent et rare artifice non communiqué jusques à présent, le tout par le sieur de Fleurance-Rivault. *Paris, Adrian Beys,* pet. in-8, planches, rel. pl. en mar. rouge, dent. intér., tr. dor. (*Capé*).

75. Les raisons des forces mouvantes avec diverses machines tant utiles que plaisantes, ausquelles sont adjoints plusieurs desseins de grotes et fontaines, par Salomon de Caus, ingénieur et architecte du roy. *Paris, Hiérosme Drouart,* 1624, in-fol. planches grav., rel. en vél. — A la suite : La pratique et démonstration des horloges solaires. *Paris,* 1624.

76. Doctrina Ptolemaei ab injuria recentiorum vindicata scripsit Berlioux. *Parisiis, Guillaumin,* 1874, broch. in-8.

77. Heronis Alexandrini spiritalium liber, a Federico commandino urbinate et græco nuper in latinum conversus. *Urbini,* 1571, in-4 parch.

78. Théâtre des instrumens mathématiques et méchaniques, par Jacques Besson, Dauphinois docte mathématicien, avec l'interprétation des figures d'icelui par François Beroald. *Genève, Jacques Chouët et Jean de Laon*, 1594, in-fol., pl., demi-rel. chag. La Vall.

Taché et mouillé.

79. A descriptive history of the steam engine by Robert Stuart, esq. *London*, 1825, in-8, demi-rel.

80. Historial eloge of James Watt by M. Arago. *London, Murray*, 1839, in-8, demi-rel. chag.

81. Physionomie naturelle extraite de plusieurs philosophes anciens et mise en françois par M. Antoine du Moulin, Masconnois. *A Lyon, par Jean de Tournes*, 1550, pet. in-8, rel. pleine en mar. La Vall., dent. intér., fleuron sur les plats, tr. dor. (*Capé*).

Bel exemplaire, grand de marges.

82. Les rêves et les moyens de les diriger, observations pratiques. *Paris, Amyot*, 1867, in-8 broch.

83. Traicté des énergumènes, suivy d'un discours de Marthe Brossier contre les calomnies d'un médecin de Paris, par Léon d'Alexis. *A Troyes*, 1599, pet. in-8, rel. en parch.

84. Discours véritable sur le fait de Marthe Brossier, de Romorantin, prétendue démoniaque. *Jouxte l'exemplaire imprimé à Paris, par Mamert Patisson*, 1599, pet. in-8, v. fauve, fil., dent.

85. Lettres de M. de Saint-André à ses amis au sujet de la magie et des maléfices et des sorciers. *Paris, Osmont*, 1725, in-12, v. m.

86. Recueil de lettres au sujet des maléfices et des sortilèges, servant de réponse aux lettres de Saint-André, de Coutances, par le sieur Boissier. *Paris, Marc Bordelet*, 1731, in-12, v. m. fil.

87. Essai sur l'origine unique et hiéroglyphique des chiffres et des lettres de tous les peuples, par de Paravey. *Paris, Treuttel et Wurtz*, 1826, in-8, planches, demi-rel. v. rouge.

Beaux-Arts.

88. Dictionnaire universel des sciences, des lettres et des arts, par Bouillet. *Paris, L. Hachette*, 1855, fort vol. in-8, demi-rel. chag.

89. Esthétique et archéologie. *S. l. n. d. Paris*, gr. in-8, fig., broch.

90. Dictionnaire de l'Académie des beaux-arts. *Paris*, *F. Didot*, 1858-68, 2 vol. in-4, pl. et fig. dans le texte, demi-rel. mar. rouge, tr. peigne.

91. Documents paléographiques relatifs à l'histoire des beaux-arts et des belles-lettres pendant le moyen âge, par Aimé Champollion-Figeac. *Paris*, *P. Dupont*, 1868, in-8 broch.

92. Archives de l'art français, recueil de documents inédits relatifs à l'histoire des arts en France, publié sous la direction de Ph. de Chennevière et Anatole de Montaiglon. *Paris*, *Dumoulin*, 1851-1860, 12 vol. in-8, demi-rel. chag.

93. Nouvelles archives de l'art français, recueil de documents inédits publiés par la Société de l'histoire de l'art français. *Paris*, 1872-77, 6 vol. in-8 broch.

94. Le cabinet de l'amateur et de l'antiquaire, revue des tableaux, estampes anciennes, objets d'art et de curiosité (sous la direction de E. Piot). *Paris*, 1842-46, 4 vol. in-8, fig., demi-rel. chag. rouge.

La planche des *Fumeurs*, de Meissonnier, s'y trouve.

95. Les collectionneurs de l'ancienne France, par Edmond Bonaffé. *Paris*, *Aubry*, 1873, in-8, pap. vergé, broch.

96. Histoire des arts du dessin, depuis l'époque romaine jusqu'à la fin du XVIe siècle, par M. Rigollot. *Paris*, *Dumoulin*, 1863, 2 vol. in-8 et atlas in-4, planches, demi-rel. v. fauve.

97. Histoire des arts industriels au moyen âge et à l'époque de la renaissance, par Jules Labarte, membre de l'Institut, 2e édit. *Paris*, *veuve Morel*, 1872-73, 2 vol. in-4, planches en chromolith., broch.

Envoi autographe de l'auteur.

98. Théophile, prêtre et moine. Essai sur divers arts, publié par M. le comte Charles de l'Escalopier et précédé d'une introduction par J.-Marie Guichard. *Paris*, *F. Didot*, 1843, in-4, texte latin-franç., demi-rel., dos et coins mar. rouge, tr. dor., n. rog.

Envois autographes des auteurs.

99. Iconographie chrétienne, histoire de Dieu, par M. Didron. *Paris*, *Imp. Royale*, 1843, in-4, fig., demi-rel., dos et coins chag. bleu.

100. La Vierge, type de l'art chrétien. Histoire, monuments, légendes, par Édouard Laforge. *Lyon*, *N. Scheuring*, 1864, in-4, fig., pap. teinté, cart., n. rogn.

Envoi autographe de l'auteur.

101. De la peinture et des peintres des ducs italiens du XIIIe au

XVIIe siècle, par Edouard Laforge. *Lyon, imp. de Louis Perrin*, 1857, in-8, pap. teinté, broch.

Envoi autographe de l'auteur.

102. Vie de Fra Angelico de Fiesole, de l'ordre des Frères-Prêcheurs, par E. Cartier. *Paris, veuve Poussielgue-Rusand*, 1857, in-8 broch.

Envoi autographe de l'auteur. Exemplaire sur grand papier teinté.

103. Les galeries publiques de l'Europe, par Armengaud. Rome. *Paris, Lahure*, 1859, in-4, grav. sur bois, demi-rel., mar. rouge, pl. percal., tr. dor.

104. Notice sur les peintures de l'église de Saint-Savin, par Prosper Mérimée. *Paris, Imprimerie Royale*, 1845, in-fol. max., planches noires et en chrom., demi-rel., dos et coins mar. rouge, n. rog.

105. Recherches sur la vie et les ouvrages de quelques peintres provinciaux de l'ancienne France, par Ph. de Chennevières-Pointel. *Paris, Dumoulin*, 1847-1862, 4 tomes en 2 vol. in-8, planches à l'eau-forte, demi-rel. v. fauve.

Avec une lettre autographe de l'auteur.

106. Artistes orléanais, peintres, graveurs, sculpteurs, architectes. Liste, sous forme alphabétique, des personnages nés, pour la plupart, dans la province de l'Orléanais, suivie de documents inédits, par H. H... *Orléans, H. Herluison*, 1863, pet. in-8, demi-chag. bl.

Tiré à 115 exemplaires.

107. Viardot. Les Musées d'Italie. Catalogue de la galerie de tableaux de l'Ermitage. Musée royal de Madrid. Antiquités et marbres du British Museum. 4 vol. in-12 rel.

108. Œuvres complètes de Bernard Palissy, publiées par Ant. Cap. *Paris, Dubochet*, 1844, in-12, demi-rel.

109. Essai historique et descriptif sur les émailleurs et les argentiers de Limoges, par M. l'abbé Texier. *Poitiers, imp. Sauvin*, 1843, in-8, pl.

110. Guide de l'amateur de faïences et porcelaines, poteries et terres cuites, par Auguste Demmin. *Paris, Renouard*, 1867, 2 vol. in-12, fig., broch.

111. La faïence, les faïenciers et les émailleurs de Nevers, par L. du Broc de Segange. Publication de la Société nivernaise. *Nevers, imp. Fay*, 1863, in-4, planches en couleur, demi-rel.

112. Catalogue raisonné des camées et pierres gravées de la Bibliothèque impériale, par Chabouillet. *Paris, s. d.*, in-12, rel. chag. bl.

Envoi autographe de l'auteur.

113. Notice des émaux, bijoux et objets divers exposés dans les galeries du Musée du Louvre, par M. de Laborde, membre de l'Institut. *Paris*, *Vinchon*, 1853, 2 vol. in-8, demi-rel., dos et coins cuir de Russie, tête dor., n. rog.

Exemplaire sur papier vélin, avec un envoi autographe de M. de Laborde.

114. Serrurerie du moyen âge. Les ferrures de portes par Raymond Bordeaux, avec dessins par Henri Gerente et G. Bouet. *Oxford*, *Parker*, 1858, in-4, planches, cart., n. rog.

115. Essai sur les girouettes, épis, crêtes et autres décorations des anciens combles et pignons, par E. de la Quérière. *Rouen*, *Lebrument*, 1846, in-8, fig., demi-rel. v. fauve.

116. La vérité sur l'invention de la photographie. Nicéphore Niepce, sa vie, ses essais, ses travaux, par Victor Fouque. *Chalon-sur-Saône*, *Ferran*, 1867, in-8 broch.

Envoi autographe de l'auteur.

117. L'album du Figaro. *Paris*, 1875, in-fol. oblong, percal., tr. dor.

Recueil d'estampes sur bois.

118. Chenavard, architecte. Compositions historiques, esquisses. — Fontaines. — Vues d'Italie, de Sicile et d'Istrie. — Sujets tirés des poèmes d'Ossian. — Poètes : Ovide, Anacréon, Sophocle, Pindare, Corinne, Sapho, la mort d'une Lesbienne. *Lyon*, 1861-73, 7 vol. in-fol. oblong, planches gravées, cart.

Chaque volume porte un envoi autographe de l'auteur.

119. Estampes gravées d'après les tableaux des grands maîtres. 30 pièces in-fol.

120. La flagellation, gravée par A. Lehmann d'après Jacques Palme, 1860. Belle épreuve sur chine avant la lettre, gr. in-fol.

120 *bis*. Les courses du matin ou la porte d'un riche, estampe gravée par P. L. D. B. Debucourt. 1805, in-fol. en larg.

121. Des décorations funèbres, par le P. C. F. Menestrier. *Paris*, *J.-B. de la Caille*, 1683, in-8, v. j.

122. Gavarni. Masques et visages. *Paris*, 1868, gr. in-8, portr. gr., fig. sur bois, cart., tr. dor.

123. Scènes populaires dessinées à la plume par Henry Monnier. *Paris*, *Levavasseur*, 1830, pet. in-8, pl. lith., demi-rel., mar. grenat.

Avec la signature de l'auteur.

124. Les bourgeois de Paris, par Henry Monnier. Scènes comiques. *Paris*, *Charpentier*, 1854, in-12, demi-rel. v.

125. Dictionnaire raisonné de l'architecture française, du XIe au XVIe siècle, par M. Viollet-le-Duc. *Paris, B. Bance*, 1854. — *Morel*, 1868, 10 vol. in-8, fig., demi-rel. chag. rouge, tr. jasp.

126. Leçons de perspective positive, par Jacques Androuet du Cerceau, architecte. *Paris, par Mamert-Patisson*, 1576, in-fol., 60 planches, rel. en parch.

127. Livre d'architecture de Jacques Androuet du Cerceau, auquel sont contenues diverses ordonnances de plans et élévations de bastiments pour seigneurs, gentilshommes et autres qui vouldront bastir aux champs : mesmes en aucuns d'iceux sont dessignez les bassez courts, avec leurs commoditez particulières ; aussi les jardinages et vergiers, tres utile et necessaire à ceux qui veulent bastir, à ce qu'ils soient instruits et cognoissent les frais et la despense qu'il y convient faire. *Paris, pour Jacques Androuet du Cerceau*, 1582, in-fol. conten. 38 planches, demi-rel., dos et coins v. bl.

128. Le premier (et le second) volume des plus excellents bastiments de France, auquel sont designez les plans de quinze (30) bastiments et de leur contenu : ensemble les elevations et singularitez d'un chascun, par Jacques Androuet du Cerceau, architecte. *A Paris, pour ledit Androuet du Cerceau*, 1576-1579, 2 tomes en 1 vol. in-fol., demi-rel., dos et coins m. rouge.

129. Marché couvert à Lyon, par M. Desjardin, architecte. *Paris, Bance*, in-4, 8 planches, demi-chag. bl.

130. Architecture monastique, par A. Lenoir. *Paris, Imp. nationale*, 1852, in-4, fig., demi-rel., dos et coins m. rouge.

131. Manuel d'architecture religieuse au moyen âge, par Peyré. *Lyon*, 1848, pet. in-8, planches gravées, demi-rel. chag., n. rog.

132. Les grands architectes français de la renaissance, par A. Berty. *Paris, Aubry*, 1860, pet. in-8, rel. mar. v., tête dor., n. rog.

133. Rabelais et l'architecte de la renaissance, restitution de l'abbaye de Thélème, par Ch. Lenormant. *Paris, J. Crozet*, 1840, gr. in-8, pap. vélin avec 2 planches, demi-rel. chag., n. rog.

134. Le Louvre, par M. L. Vitet. *Paris, Didot*, 1853, gr. in-8, demi-rel.

135. Ornementation usuelle de toutes les époques dans les arts industriels et en architecture, par Rodolphe Pfnor. *Paris*, 1866-67, in-fol., planches noires et en chrom. dans un carton.

136. Histoire de la soie, par Ernest Parizet. *Paris, Durand*, 1862-65, 2 parties en 1 vol. in-8, carte, demi-rel. chag. bl.

137. Études pour servir à l'histoire des châles, par J. Rey. *Paris*, 1823, in-8, demi-rel. v.
Envoi autographe de l'auteur.

Vénerie. — Chasse. — Pêche.

138. Album Dianæ Leporicidæ sive venationis leporinæ leges. Ad illustrissimum Pomponium de Believre, supremi Galliarum senatus principem, auctore Jac. Savary, cadomæo. *Cadomi, Claude Le Blanc*, 1655, in-12 parch.

139. La chasse à la haie, par Peigné-Delacourt. *Paris, veuve Bouchard-Huzard*, 1858, in-fol., fig., cart.

140. Traité de vénerie. *Mons, Gaspard Migeot*, 1667, in-4 ; extrait d'une édit. de la Maison rustique, n. rel.

141. Les chasses de François Ier, racontées par Louis de Brezé, grand sénéchal de Normandie, précédées de la chasse sous les Valois, par le comte Hector de La Ferrière. *Paris, Aubry*, 1869, pet. in-8, demi-rel. mar. vert, tête dor., n. rog.

142. Manuel des chasses ou dissertation sur le droit de chasse. *Blois, P.-P. Charles*, 1762, in-12. bas. rac.

143. Almanach des chasseurs et des gourmands. *Paris, s. d.*, in-12, demi-chag.
Articles sur Blois et Chambord, pp. 37 et 40.

144. La pêche et les poissons. Nouveau dictionnaire général des pêches, par H. de la Blanchère. *Paris, Delagrave*, 1868, fort vol. in-8, avec 1,100 fig., broch.

145. Manuel du marié ou guide à la mairie, à l'église, au festin, au bal, etc., publié par Alex. Martin. *Paris, Audot*, 1828, in-18, fig. d'Henry Monnier coloriée, demi-rel.

146. Manuel des amphitryons (par Grimod de la Reynière). *Paris, Capelle*, 1808, in-8, pl., demi-rel. chag.

---

147. Le maître à danser, par le sieur Rameau. *Paris, Jean Villette*, 1725, in-8, planches, v. j.
La grande planche du bal s'y trouve.

148. Les soirées de l'orchestre, par Hector Berlioz. *Paris, M. Levy*, 1852, in-12, demi-v. ant.

BELLES-LETTRES

Linguistique.

149. Notions élémentaires de linguistique ou histoire abrégée de la parole et de l'écriture, par Ch. Nodier. *Paris, E. Renduel*, 1834, in-8, v. ant., fil., dent. intér.
Exemplaire sur papier vélin.

150. Essai sur la première formation des langues, trad. de l'anglais de Smith, par Manget. *Genève, Manget*, 1809, in-12 c., n. rog.

151. Traité de la formation mécanique des langues et des principes physiques de l'étymologie. *Paris, Terrelonge*, an IX, 2 in-12 rel. en parch. vert.

152. La science du langage, par Max Muller, trad. de l'anglais par MM. G. Harris et G. Perrot. *Paris, Durand*, 1867, in-8, demi-chag.

152 *bis*. Nouvelles leçons sur la science du langage, trad. par G. Harris et G. Perrot. *Paris, Durand*, 1867-68, 2 vol. in-8, demi-chag.

153. Celt-hellénisme ou étymologie des mots françois tirez du grec, plus preuves en général de la descente de notre langue, par Léon Trippault, sieur de Bardis. *Orléans, par Éloy Gibier*, 1580, pet. in-8 rel. en parch.

154. Traité de la formation des mots dans la langue grecque, avec des notes comparatives sur la dérivation et la composition en sanscrit, en latin et dans les idiomes germaniques, par Ad. Regnier. *Paris, L. Hachette*, 1855, in-8, demi-rel. chag.

155. Glossarium mediæ et infimæ latinitatis conditum a Carolo Dufresne domino du Cange, auctum a monachis ordinis S. Benedicti supplementum integris D. P. Carpenterii et additamentis adelungii et aliorum digessit G. A. L. Henschel. *Parisiis, F. Didot fratres*, 1840-50, 10 vol. in-4, demi-rel. mar. bleu.

156. Grammaire comparée des langues de l'Europe latine dans leurs rapports avec la langue des troubadours, par M. Raynouard. *Paris, F. Didot*, 1821, in-8, pap. vergé, demi-chag. rouge.

157. Addenda lexicis latinis instigavit collegit digessit L. Quicherat. *Parisiis, L. Hachette*, 1862, in-8, demi-rel. v. f.

158. Curiosités de l'étymologie française, par Ch. Nisard. *Paris, L. Hachette*, 1863, in-12, demi-rel., dos et coins mar. rouge, tête dor., n. rog.

159. Dictionnaire français-breton de Le Gonidec, enrichi d'additions et d'un essai sur l'histoire de la langue bretonne, par Th. Hersart de la Villemarqué. *Saint-Brieuc, L. Prud'homme*, 1847, 2 t. en 1 vol. in-4, demi-rel. v. f.

160. Dictionnaire français-breton et français-celtique du dialecte de Vannes, par M. l'abbé *** (Armeyrie). *Leide, par la compagnie*, 1744, pet. in-8, demi-rel. v. rouge.

161. Dictionnaire français-celtique ou français-breton, par le P. Grégoire, de Rostrenen. *Guingamp, B. Jollivet*, 1834, 2 t. en 1 vol. in-8 relié en parch.

162. Dictionnaire de la langue bretonne, où l'on voit son antiquité son affinité avec les anciennes langues... par dom Louis Le Pelletier, religieux bénédictin de la congrégation de Saint-Maur. *Paris, François Delaguette*, 1752, in-fol., v. m.

Armoiries de France et Bretagne sur les plats.

163. Dictionnaire français et celto-breton, par A.-E. Troude, chef de bataillon. *Brest*, 1842, in-8, demi-rel. v. ant.

164. Grammaire française-celtique ou française-bretonne, par le P. F. Grégoire de Rostrenen, première édition. *Rennes, J. Vatar*, 1738, pet. in-8, bas.

165. Essai sur le nom et la langue des anciens Celtes, par Galli. *Saint-Étienne, Janin*, 1843, in-12, demi-rel. v. v.

166. Recherches sur les langues celtiques, par W.-F. Edwards. *Paris, imp. royale*, 1844, in-8 rel. chag. bl.

167. A gaelic dictionary in two parts gaelic and English. English and gaelic by A. Armstrong. *London, James Duncan*, 1825, in-4, demi-rel. v. rouge.

168. Element of gaelic grammar, by Alexander Stewart. *Edimburg*, 1801, in-8, demi-rel. v.

169. Glossaire gaulois, par Roget de Belloguet. *Paris, Maisonneuve*, 1852, in-8 br.

170. Monuments des anciens idiomes gaulois, par H. Monin. — Textes, Linguistique. *Besançon*, 1861, in-8, pl., demi-rel. cuir de Russie, tr. peigne.

171. L'éclaircissement de la langue française, par Jean Palsgrave, suivi de la grammaire de Giles du Guez publiée pour la première fois en France par Guénin. *Paris, Imp. nationale*, 1852, in-4, demi-rel. v. fauve.

172. Dictionnaire historique de la langue française, publié par l'Académie française. Tome Ier, A-ACT. *Paris, F. Didot*, 1865, in-4, demi-rel. mar. rouge, tr. peigne.

173. Dictionnaire du vieux langage françois, par Lacombe. *Paris, Panckoucke*, 1766, in-8, demi-rel.

174. Remarques de Vaugelas sur la langue françoise, avec des notes par Patru et T. Corneille. *Paris, Didot*, 1738, 3 vol. in-12, v. m.

175. Glossaire français polyglotte, dictionnaire historique, étymologique, raisonné et usuel de la langue française et de ses noms propres, par Gaudeau, A. Péan, Plée, Cler et Gérard. *Blois*, 1846, in-4 de 560 pp., demi-rel. v.

176. Grammaire des grammaires, par Girault-Duvivier, édit. revue par A. Lemaire. *Paris, A. Cotelle*, 1842, 2 t. en 1 vol. in-8, demi-rel. v. f.

177. Essai d'un glossaire des patois du Lyonnais, Forez et Beaujolais, par J.-B. Onofrio. *Lyon, Scheuring*, 1864, in-8, demi-mar. bleu.

Envoi autographe de l'auteur.

178. Grammaire et vocabulaire de la langue basque, par Fl. Lécluse. *Toulouse, Douladoure*, 1826, in-8, demi-rel. v. roug.

179. Glossarium germanicum, continens origines et antiquitates totius linguæ germanicæ et omnium pene vocabulorum vigentium et desitorum opus J. G. Wachteri. *Lipsiæ, J.-F. Gleditschii*, 1737, in-fol., demi-rel. dos et coins parch. vert. n. rog.

180. Dictionnaire allemand-français et français-allemand, par Schuster et Régnier. *Paris, Hingray*, 1859, 2 vol. in-8, demi-chag. bleu, pl. percal.

181. A dictionary of the Welsh language explained in English, with numerous illustration, from the litterary remains and from the living speech of the Cymri by William Owen. *London*, 1803, 2 vol. in-4, demi-rel. v. fauve.

182. Dictionnaire français-italien et italien-français, par A. Buttura. *Paris, Lefevre*, 1832, demi-rel. v. f.

183. Grammaire hébraïque raisonnée et comparée, par Sarchi. *Paris, Pelicier*, 1828, in-8, demi-rel.

184. De l'affinité des langues celtiques avec le sanscrit, par Adolphe Pictet. *Paris, B. Duprat*, 1837, in-8, demi-rel.

185. Étude sur l'idiome des Védas et les origines de la langue sanscrite, par A. Régnier, 1re partie. *Paris, C. Lahure*, 1855, in-4 br.

Envoi autographe de l'auteur.

186. Histoire générale et système comparé des langues sémitiques, par Ernest Renan. Tome Ier. Histoire générale des langues sémitiques. *Paris, imp. Impériale*, 1855, in-8, demi-rel. mar. bleu, tr. peigne.

Envoi autographe de l'auteur.

187. Cours graduel et complet de chinois parlé et écrit, par le comte Kleczkowski. Vol. Ier. Phrases de la langue parlée tirées de l'*Arte china* du P. Gonçalves. *Paris, Maisonneuve*, 1876, gr. in-8 broché.

Envoi autographe de l'auteur.

POÉSIE

Rhétorique.

188. Les plaidoyers politiques de Démosthène, texte grec, publiés par Henri Weil. — 1re série, Lephné, Midas, Ambassade, Couronne. *Paris, L. Hachette*, 1877, gr. in-8 broch.

Envoi autographe de l'auteur.

189. L'Etna de Lucilius Junior, suivi d'un fragment de Cornelius Severus sur la mort de Cicéron et du panégyrique de Pison, par Salcius Bassus, trad. nouv. par Jules Chenu. *Paris, Panckoucke*, 1843, in-8, demi-rel. v.

190. M. T. Ciceronis de partitione oratoria dialogus, Jacobi Lodoici Strebæi commentariis illustratus. — Ad. M. Brutum orator. *Parisiis, apud Michaelem Vascosanum*, 1536, deux parties en 1 vol. in-4, v. b.

La marque du *prelum* se trouve sur les deux titres.

Poètes grecs et latins.

191. ΤΑ ΔΕ ΕΝΕΣΤΙΝ, ΕΝ ΤΗ ΠΑΡΟΥΣΗ ΒΙΒΛΩ. *Florentiæ in ædibus Ph. Juntæ*, 1515, in-8 mar. rouge, fil. sur les plats, dent. intér., tr. dor. (*Thompson.*)

Édition rare de ce Théocrite. On voit sur le titre l'aigle à deux têtes avec les deux lettres Z K sur l'écusson.

192. Des hymnes homériques, par Hignard. *Paris, Durand*, 1864, in-8, demi-rel. mar. rouge.

193. Les œuvres et les jours d'Hésiode, traduction nouvelle

par Jules Chenu *Paris, imp. Panckoucke*, 1844, in-32, pap. vergé, demi-rel. v.

Tiré à 100 exemplaires, nº 44.

194. Les poésies de Sapho de Lesbos, par Redarez-Saint-Remy. *Paris, Hachette,* 1852, in-12, demi-rel.

Envoi d'auteur.

195. Œuvres complètes d'Ausone, traduction par Corpet, texte lat.-fr. *Paris, Panckoucke*, 1842. 2 vol. in-8, demi-rel. v. ant.

196. D. Magni Ausonii burdigalensis opera. J. Tollius ex vet. cod. restituit. *Amstelredami, J. Blaeu*, 1669, in-32, fr. gr. parch.

197. Satires de Perse, traduites en vers français par J.-A. Gérard. *Lyon, imp. L. Perrin*, 1870, in-4, pap. teinté, broch.

Envoi autographe de l'auteur.

198. Les métamorphoses d'Ovide, traduites en vers par M. Desaintange, texte latin en regard, édit. ornée de 141 estampes gravées au burin sur les dessins des meilleurs peintres de l'École française, Moreau le jeune et autres. *Paris, Desray*, 1808, 4 vol. in-8, fig., v. jaspé, dent. sur les plats, tr. dor.

Bel exemplaire, épreuves très fraiches, portrait avant la lettre.

199. Manuelis Philæ carmina ex codicibus Escurialentibus, Florentinis, Parisenis et Vaticanis, nunc primum edidit Miller. *Parisiis excusum in typog. Imperiali*, 1855, 2 vol. in-8, pap. vergé, demi-mar. rouge.

Envoi d'auteur, couverture conservée.

200. Quinti Horatii Flacci opera omnia, recensuit et emendavit J.-A. Amar. *Parisiis, Lefevre*, 1838, pet. in-12, demi-rel. dor. et coins chag. rouge.

201. Odes d'Horace, traduites en vers par B. L.-C. (Bon Le Camus). *Paris, Hachette*, 1835, gr. in-8, demi-rel. v. rouge, tête dor. n. rog.

Envoi autographe de l'auteur.

202. Les œuvres d'Horace, traduction nouvelle par Jules Janin. *Paris, Hachette*, 1871, in-12 broch.

Avec cette mention manuscrite de l'auteur :

« Pour M. de la Saussaye, en reconnaissance de son discours à la distribution des prix du lycée de Saint-Étienne, son très dévoué et très obéissant serviteur, Jules Janin. — 14 août 1872. »

203. Œuvres de Sollius Apollinaris Sidonius, traduites en français avec le texte en regard, par Grégoire et Colombet. *Paris, Poussielgue*, 1836, 3 vol. in-8, demi-rel. v.

204. Psalmorum Davidis paraphrasis poetica, auctore Georgio

Buchanano, scoto, poetarum nostri sæculi facile principe. *Lutetiæ ex officina Roberti Stephani*, 1580, in-12, mar. vert réglé, écusson et chiffre sur les plats, fil., tr. dor. (*anc. rel.*).

A la suite se trouvent les élégies, les forests en latin, *Paris, Mamert-Patisson*, 1579.

205. Euphormionis Lusinii sive J. Barclaii Satyricon. *Lugd. Batavorum apud Elzeviros*, 1637, pet. in-12, fr. gr., parch.

Poètes français.

206. Tableau de la poésie française et du théâtre français au XVIe siècle, par C.-A. Sainte-Beuve. *Paris, Sautelet*, 1828, in-8, demi-rel. veau rouge, n. rog.

207. Ballades, fabliaux et traditions du moyen âge. *Paris*, 1828, in-8., caract. gothiques, lettres coloriées, demi-chag.

208. Le roman de Rou et des ducs de Normandie, par Robert Wace, poète normand du XIIe siècle, publié pour la première fois par Frédéric Pluquet. *Rouen, Edouard Frère*, 1827, 2 vol. in-8, fig., demi-chag. rouge, tr. m.

A la suite se trouvent le supplément de Le Prevost et les observations philologiques de Renouard, publiés en 1829.

209. La chanson de Roland, texte critique par Léon Gautier, 3e édit. *Tours, A. Mame et fils*, 1872, in-12, pap. vélin, broch.

Édition tirée à petit nombre non mise dans le commerce. Envoi autographe de l'auteur.

210. Paris et Genin, commentaires sur la chanson de Roland. 1851, en 1 vol. in-8, demi-rel. v.

211. Le roman en vers de très excellent, puissant et noble homme Girart de Roussillon, jadis duc de Bourgogne, publié pour la première fois d'après les manuscrits de Paris, de Sens et de Troyes, avec de nombreuses notes philologiques et 9 dessins dont 6 chromolithographies, suivi de l'histoire des premiers temps féodaux, par Mignard. *Paris, Téchener*, 1858, gr. in-8, demi-rel. mar. rouge.

Exemplaire sur papier de Hollande avec une lettre autographe de l'auteur.

212. S'ensuyt l'histoire de Monseigneur Gérard de Roussillon, jadis duc et comte de Bourgogne et d'Acquitaine (publié par A. de Terrebasses). *Lyon, Louis Perrin*, 1856, in-8, pap. teinté, demi-rel., dos et coins mar. vert, tête dor., n. rog.

213. La vie de la Vierge Marie, de Maître Wace, suivie de la vie de saint Georges, poème inédit du même trouvère, publié

par M. V. Luzarche. *Tours, imp. Bouserez*, 1859, pet. in-8, demi-rel., dos et coins mar. rouge, tête dor., n. rog.

Envoi autographe de l'auteur.

214. Contes populaires des anciens Bretons, précédés d'un essai sur l'origine des épopées chevaleresques de la table ronde, par Th. de la Villemarqué. *Paris, Coquebert*, 1842, 2 tomes en 1 vol. in-8, demi-rel. chag. La Vall.

215. Poèmes des bardes bretons du VIe siècle, traduits pour la première fois avec le texte en regard, par Hersart de la Villemarqué. *Rennes, Vannier*, 1850, in-8, pap. vergé, demi-chag. bl.

Envoi de l'auteur.

216. Œuvres choisies de Clément Marot. *Paris*, 1819, in-12, v. rouge, fil.

217. Poème inédit de Jehan Marot, publié d'après un manuscrit de la Bibliothèque impériale, par Georges Guiffrey. *Paris, J. Renouard*, 1860, in-8, pap. teinté, demi-rel., dos et coins mar. rouge, tête dor., n. rog.

Envoi autographe de l'auteur.

218. Œuvres de Mathurin Régnier, avec les commentaires, revus par Viollet-le-Duc. *Paris, Desoer*, 1823, in-8, demi-rel. v. rouge, n. rog.

219. Poésies de Charles d'Orléans, père de Louis XII et oncle de François Ier. *Grenoble, J.-L.-A. Giroud*, 1803, in-12, demi-rel. dos et coins m. vert, n. rog.

220. Poésies de Charles d'Orléans, publiées par J.-Marie Guichard. *Paris, C. Gosselin*, 1842, in-12, demi-rel. dos et coins chag. vert, tête dor., n. rog.

221. Les poésies de Gombauld. *Paris, A. Courbé*, 1646, in-4, parch.

Exemplaire de Huet, évêque d'Avranches, avec son *ex libris*.

222. Les poésies du roy de Navarre (Thibault, comte de Champagne), avec des notes et un glossaire françois. *Paris, H.-L. Guérin*, 1742, 2 vol. in-12, v. m., fil., tr. dor.

223. Le Panthéon et temple des oracles où préside fortune, dédié au roy, par François d'Hervé. *Paris, P. Jannet*, 1858, in-16, pap. vergé, cart. n. rog.

Envoi autographe du marquis d'Hervey de Saint-Denis. Portrait de J.-F. d'Hervé ajouté.

224. Œuvres de Louize Labé lionnoize (publiées par les soins de MM. L. Cailhava et J.-B. Monfalcon). *Paris, imp. Simon Raçon*, 1853, pet. in-8, texte encadré, pap. vélin, demi-rel. dos et coins mar. rouge, tête dor., n. rog.

Tiré à 120 exemplaires. Envoi autographe de M. Monfalcon.

225. Œuvres de Louize Labé lionnoize (publiées par J. Allut). *Lyon, Scheuring*, 1862, pet. in-8, pap. teinté, demi-rel. dos et coins mar. La Val., tête dor., n. rog.

Tiré à 209 exemplaires. Avec une lettre autographe de P. Allut.

226. Rymes de gentile et vertueuse dame D. Pernette du Guillet, lyonnoize. *Lyon, Nicolas Scheuring*, 1864, in-12, pap. vergé, demi-rel. dos et coins mar. vert, tête dor., n. rog.

227. Sotisier ou recueil de B. S. et F. Sunt mala, sunt bona quædam. *Paris*, 1717, pet. in-8, demi-rel., v. rouge.

Ce livre rare est incomplet des pages 17 à 23.

228. Le pot pourri ou le préservatif de la mélancolie, contenant la Henriade travestie, la pipe cassée et autres poésies diverses. *Londres, Cazin*, 1783, in-18, demi-rel. dor. et coins mar. rouge, n. rog.

229. Œuvres de M. Gresset. *Londres, Cazin*, 1785, 2 vol. in-18, fr. grav., v. gran. fil., tr. dor.

230. Mon odyssée ou le journal de mon retour de Saintonge, poème à Chloé, par Robbé de Beauveset. *La Haye*, 1760, in-8, 4 fig. de Desfriches gravées par Cochin, cart. n. rog.

231. La Villéliade, — Peyronnéide, — La Corbiéréide, par Méry et Barthélemy. *Paris, A. Dupont*, 1827, 3 part. en 1 vol. in-8, demi-rel., v. rouge. (*Bibolet.*)

232. Mémoires poétiques, événements contemporains, voyages, facéties, par F. de Montherot. *Paris, Téchener*, 1833, in-8, demi-rel. chag.

Tiré à 100 exemplaires numérotés. Lettre autographe de l'auteur.

233. Méditations poétiques, par Alphonse de Lamartine. *Paris, Gosselin*, 1826, 2 in-32 fig., demi-rel. m.

234. L'Amour et Psyché, par Ernest de Calonne. *Paris, C. Gosselin*, 1842, in-8, demi-v. fauve.

Envoi autographe de l'auteur.

235. La mort du Juif-Errant, poème par Édouard Grenier. *Paris, Hachette*, 1857, in-12, demi-chag.

236. Sonnets humoristiques, par Joséphin Soulary. *Lyon, imp. de Louis Perrin*, 1858, pet. in-8, pap. teinté, port. de l'auteur, demi-rel. dos et coins mar. rouge, tête dor., n. rog.

237. Idylles héroïques, par Victor de Laprade, de l'Académie française. *Paris, M. Lévy*, 1858, in-12, demi-rel. dos et coins mar. vert d'eau, tête dor., n. rog.

Bel exemplaire avec un envoi autographe de l'auteur.

238. Les coups de plume, par Paul de Saint-Olive. *Lyon, imp. Wingtrinier*, 1858, in-8, demi-rel. chag. bleu.

Envoi autographe de l'auteur.

239. Recueil d'opuscules en vers et en prose, par Mme *** (Yemeniz). *Lyon, L. Perrin*, 1860, in-8, pap. teinté, demi-rel. dos et coins mar. rouge, tête dor., n. rog.

240. Les échos, fantaisies et souvenirs, par Hector Fleury. *Lyon, L. Perrin*, 1861, in-8, pap. teinté, demi-rel. dos et coins mar. citron, tête dor., n. rog.

On y a joint une lettre autographe de l'auteur.

Poëtes étrangers.

241. La Gerusalemme liberata di Torquato Tasso. *Parigi, P. Didot*, 1815, 2 vol. in-8, demi-rel., v. f., n. rog.

242. Le purgatoire de Dante, trad. et commentaire avec le texte en regard, par A.-F. Ozanam. *Paris, J. Lecoffre*, 1862, in-8, demi-rel. v. ant.

Envoi autographe de l'auteur.

243. The poetical works of Olivier Goldsmith. *London*, 1818, in-18 fig., v. rouge, fil.

244. The poetical works of Alex. Pope. *Paris, Lefèvre*, 1822, 3 vol. in-32, demi-mar.

245. Fleurs de l'Inde, comprenant la mort de Yaznadate, trad. en vers latins et français, avec texte sanscrit en regard, et plusieurs autres poésies indoues (publiées par Guerrier-Dumast). *Nancy, Vagner*, 1857, in-8, demi-rel. dos et coins mar. rouge ant., tête dor., n. rog.

On y a joint une lettre autographe de six pages de l'auteur.

246. Poésies de l'époque des Thang (VIIe au IXe siècle de notre ère), traduites du chinois pour la première fois avec une étude sur l'art poétique en Chine et des notes explicatives, par le marquis d'Hervey-Saint-Denis. *Paris, Amyot*, 1872, gr. in-8, demi-rel. dos et coins cuir de Russie.

L'un des 6 exemplaires sur papier de Hollande. Il est accompagné d'une lettre autographe de l'auteur.

247. Le mahabharata, onze épisodes tirés de ce poëme épique, trad. pour la première fois du sanscrit en français par E. Foucaux. *Paris, B. Duprat*, 1862, in-8, demi-rel. v. f.

248. Le li-sao, poëme du IIIe siècle avant notre ère, traduit du chinois par le marquis d'Hervet de Saint-Denis. *Paris, Maisonneuve*, 1870, in-8 avec texte chinois, broch.

Chants et Chansons.

249. La grande Bible renouvelée des Noëls nouveaux. *Troyes, Garnier*, s. *d.*, pet. in-8, demi-rel. dos et coins mar. vert, tête dor., n. rog.

250. Cantate françoise à une et deux voix mêlées de symphonies, par Mouniers Morin, ordinaire de la musique de S. A. R. Mgr le duc d'Orléans. *Paris, Ballard*, 1706, 2 part. en 1 vol. in-4 oblong, v. m.

251. Chants nationaux des deux mondes, par Jacques Foulc. *Paris, Hachette*, 1867, gr. in-8, demi-rel. mar. bleu, tête dor., n. rog.

Envoi d'auteur autographe signé. Couverture conservée.

252. Scolies militaires, chants du régiment par M. L. Merson, commandant le dépôt de recrutement et de réserve de Loir-et-Cher. *Paris, Delloye. Blois, imp. Dezairs*, s. *d.*, demi-rel. v. rouge.

Lettre autographe de l'auteur jointe.

253. Barzaz-Breiz. Chants populaires de la Bretagne, recueillis et publiés par T. Hersart de la Villemarqué, 4e édit. *Paris, Franck*, 1846, 2 vol. in-12, demi-v. f.

Théâtre.

254. Comédies d'Aristophane, traduites du grec par M. Artaud. *Paris, Didot*, 1855, 2 tomes en 1 vol. in-12, demi-rel. v. f.

Envoi autographe de l'auteur.

255. Pub. Terentii comædiæ sex *Amstelodami ex officina Elzeviriana*, 1661, pet. in-12, v. j.

256. Titi M. Plauti Cistellariam, recensuit variorumque notis illustravit L. E. Benoist. *Lugduni, L. Perrin*, 1863, pet. in-8, pap. teinté, front. grav., demi-rel. dos et coins mar. vert, tête dor., n. rog.

257. Origines latines du théâtre moderne, publié et annoté par Edelestand du Méril. *Paris, Franck*, 1849, gr. in-8, demi-rel. v. fauve.

258. Étude sur les poètes dramatiques de la France au XIXe siècle, par Jules Wisniewski. *Paris, Dentu*, 1861, in-8, demi-rel. chag.

259. Adam, drame anglo-normand du XIIe siècle, publié d'a-

près un manuscrit de la bibliothèque de Tours, par Victor Luzarche. *Tours, Bouserez*, 1854, in-8, pap. vergé, demi-rel. dos et coins cuir de Russie, n. rog.

260. Recherches sur le séjour de Molière dans l'ouest de la France en 1648, par Benjamin Fillon. *Fontenay-le-Comte*, 1871, broch. in-8, pap. vélin.

Envoi autographe de l'auteur.

261. Lettre sur la comédie de l'imposteur (par Donneau de Vizé). *S. l.*, 1668, in-12 parch.

262. Esther, tragédie tirée de l'Escriture Sainte (par Racine). *Paris, Denys Thierry*, 1689, in-12, front. gr., v. jaspé.

Joli exemplaire de l'édition originale, 7 ff. préf. 86 pp., 2 ff. pour le privilège.

263. Proverbes dramatiques (par Carmontelle). *Paris, Lejay*, 1783, 6 vol. in-8, fr. gr. rel., v. gran.

264. Alphonse Brot. La cousine du roi. *Paris, Faure*, 1866. — Le testament de la reine Élisabeth, drame historique. *Paris*, 1867, en 1 vol. in-12, demi-v. fauve.

Envoi autographe de l'auteur.

265. Marc de Vintimille et les chevaliers de Rhodes, drame historique en 5 actes en prose, par L. de Vauzelles. — Poésies. *Orléans*, 1866-1869, 2 vol. in-8 fig., demi-chag. rouge.

267. Lettere della signora Isabella Andreini, padouana, comica gelosa et academica intenta nominata l'accesa. *In Venetia*, 1625, petit in-8, v. f., fil.

Isabelle Andreini, surnommée l'Ardente, a joué à Paris en 1577 et de 1600 à 1602. Dans le même volume se trouvent : Fragments de quelques écrits de Mme Andreini, recueillis par F. Andreini, comédien surnommé le Capitaine terrible, et publiés par Flamminio Scala, comédien (31 dialogues en langue ital.).

268. I Gelosi comedia di M. Vincenzo Gabiani. *Venegia*, 1560, in-32, mar. rouge, fil., tr. dor. (*anc. rel.*)

Romans.

269. Les pastorales de Longus ou Daphnis et Chloé, trad. de J. Amyot, revue et complétée. *Blois, imp. Aucher Eloy*, 1825, in-32, texte franç.-grec, mar. rouge, fil. comp., dent. intér., tr. dor.

270. Les amours pastorales de Daphnis et Chloé, écrites en grec par Longus, et translatées en français par Jacques Amyot. *Versailles, Sevère-Dacier*, 1784, in-12, demi-chag., n. rog.

271. Les amours de Théagènes et de Chariclée, histoire éthiopique, traduite du grec d'Héliodore. *Paris, Briasson*, 1727, 2 vol. in-12, v. j., fil.

272. Histoire œthiopique de Héliodorus, contenant dix livres traitant des loyales et pudiques amours de Théagènes et Chariclea, traduite du grec en français. *Paris, N. Bonfons*, 1585, in-32, v. br., fil.

273. Mysis et Glaucé, poème en trois chants, traduit du grec (par M. l'abbé Seran de la Tour), à Genève. *Paris*, 1748, in-12, v. m., fil., tr. dor.

Exemplaire de Mme de Pompadour avec ses armes sur les plats.

274. J. Barclaii Argenis. *Lugd. Bat. ex off. Elzeviriana*, 1630, pet. in-12, fr. gr., rel. en parch.

275. Les aventures de Maître Renart et d'Ysengrin son compère, mis en nouveau langage par A. Paulin Paris. *Paris, Techener*, 1861, in-12, demi-rel. dos et coins mar. bleu, tête dor., n. rog.

276. L'histoire et plaisante chronique du Petit Jehan de Saintré et de la jeune dame des belles cousines, publiée par J.-Marie Guichard. *Paris, C. Gosselin*, 1843, in-12, demi-rel. mar. vert, tête dor., n. rog.

Envoi autographe de l'auteur.

277. Œuvres de Rabelais, édition Variorum, augmentée de pièces inédites des songes drôlatiques de Pantagruel, ouv. posthume avec l'explication en regard des remarques de Le Duchat, Bernier, de Marsy, etc., et d'un nouveau commentaire par Esmangart et Eloi Johanneau. *Paris, Dalibon*, 1823, 9 vol. in-8, pap. vergé, planches, demi-rel., v. rouge, n. rog.

Bel exemplaire. Au 9e volume, on a joint une notice bibliographique sur le Rabelais *Variorum*. Cette lettre autographe de M. Eloi Johanneau est adressée « à mon savant compatriote et ami M. de La Saussaye », et forme 4 pages in-8.

278. Lettres de Stéphanie, roman historique en trois parties (par Mme Fanny de Beauharnais). *Paris, bureau du Journal des Dames*, 1778, 3 vol. in-8, bas m.

On y a joint une lettre autographe signée, 3 pages mss.

279. Nouvelles de Prosper Mérimée. *Paris, Lévy*, 1852. — Colomba. *Charpentier*, 1858, 2 vol. in-12, demi-chag. bleu.

Envoi d'auteur sur les nouvelles.

280. Le prince Caniche, par Edouard Laboulaye, de l'Institut. *Paris, Charpentier*, 1868, in-12, demi-chag. rouge.

281. Les patenotres d'un surnuméraire, conseil d'un grand-oncle, recueillis et mis en lumière, par Joseph Delaroa. *Lyon*,

imp. L. Perrin, 1860, in-12, pap. teinté, mar. rouge, dent., int. fil. comp., tr. dor.

Sur les plats les armes de La Saussaye avec le porc-épic répété aux quatre angles et sur le dos.

282. Il decamerone di Giovanni Boccaceio. *Firenze*, 1820, 5 tomes en 2 vol. in-18, demi-rel. v. rouge.

283. Il libro del perche, la pastorella del Marino, la novella del angelo Gabriello e la puttana errante di Pietro Aretino. *A Pe-King nel XVIII secolo*, pet. in-8, cart., n. rog.

284. Favole e novelle di Lorenzo Pignotti Aretino. *Firenze*, 1820, in-12, demi-v. rouge.

285. Il ingenioso hidalgo don Quijote de la Mancha, per Miguel de Cervantes Saavedra. *Paris, Baudry* (*Blois en la imprenta de Aucher-Eloy*), 1825, 6 vol. in-32, demi-rel. veau rouge, n. rog.

286. Œuvres choisies de Cervantes, traduction par Bouchon Dubournial. *Paris*, 1807, 8 vol. in-12, dem. rel.

287. Lagrimas novela de costumbres contemporaneas, par Fernan Caballero, 2e édition. *Cadiz*, 1853, in-8, demi-rel. v. f.

288. Œuvres d'Adrien de Sarrazin. *Paris, Urbain Canel*, 1825, 6 vol. in-12, fig., demi-rel. v. rouge.

289. Les mille et une nuits, contes arabes, trad. en français par Galland. Edit. revue par Destains et Charles Nodier. *Paris, Galliot*, 1822-25, 6 vol. in-8, rel. pl. en v. fauve, fil., tr. m.

290. Gulistan ou le parterre des roses, par Sadi, traduit du persan, par Ch. Defrémery. *Paris, Didot*, 1858, in-12, dem. rel. m.

Envoi d'auteur.

Facéties.

291. L'éloge de la folie, composé par Erasme et traduit par Gueudeville. *Amsterdam, Francois l'Honoré*, 1731, in-12, fig. d'Holbein, v. b.

292. Polissoniana ou recueil de turlupinades, colibets, rebus, jeux de mots, gasconades, bons mots, avec les équivoques de l'homme inconnu et la liste des plus rares curiosités (attribué à Chevrier). *Amsterdam*, 1725, in-12, v. b.

293. Les libertins en campagne, mémoires tirez du Père de la Joye, ancien aumônier de la reine d'Yvetot. *Imprimé au quartier royal*, 1745, 2 part. en 1 vol. in-12, v.

Dans le même volume : Le Momus français ou les Aventures divertissantes du duc de Roquelaure. *Cologne*, 1746, 2 parties.

294. Paradoxes ou sentences desbatues en forme de déclamations forenses pour exerciter les practiciens en causes difficiles, traité non moins plein de doctrine que de récréation pour toutes gens (tiré de H. Lando). *Lyon, par Benoist Rigaud*, 1576, pet. in-12 cart.

295. Recueil des plaisants devis récités par les supposts du seigneur de la Coquille (publié par M. Monfalcon). *Lyon, par L. Perrin*, 1857, pet. in-8, pap. teinté fig., cart. n. rog.

Envoi autographe de l'auteur.

296. Errotika biblion (par Mirabeau). *A Rome, de l'imprimerie du Vatican*, 1783, in-8, v. m.

297. Le triomphe de haulte et puissante dame Verolle et le pourpoint fermant à boutons, nouvelle édition publiée avec un glossaire, par A. de Montaiglon. *Paris, L. Willem*, 1874, in-8, pap. vergé, broch.

298. Dissertation étymologique, historique et critique sur les diverses origines du mot cocu avec notes et pièces justificatives, par un membre de l'Académie de Blois (M. de Pétigny). *Blois, imp. Félix Jahyer* M VIII CXXXV (1835), pet. in-8 carré, mar. citron grain long, fil., dent. intér., tr. dor. (*Muller*).

Tiré à 71 exemplaires, n° 21, papier jaune.

299. Lucina sine concubitu. Lucine affranchie des lois du concours, ouvrage singulier, traduit de l'anglais de Johnson, par le citoyen Moët, dans lequel il est démontré, par des preuves tirées de la théorie et de la pratique, qu'une femme peut concevoir et enfanter sans le commerce de l'homme. *Paris, Mercier de Compiègne*, in-18, demi-rel., v. fauve, tête dor., n. rog.

Devises. — Emblèmes.

300. La science et l'art des devises, par le P. Menestrier. *Paris*, R.-J.-B. de la Caille, 1686, in-8, fr. gr., v. j.

301. L'art de faire des devises avec un traité des rencontres et mots plaisants, par Henry Estienne, escuyer, sieur des Fossez, interprète en langues grecques et latines. *Paris, Jean Paslé*, 1645, pet. in-8 parch.

302. L'art des emblèmes, par le P. C. François, menestrier, de la Compagnie de Jésus. *Lyon, Benoist Coral*, 1662, pet. in-8, fr. et pl. grav., bas.

303. La philosophie des images, par le P. Menestrier. *Paris, R-.J.-B. de la Caille*, 1682, in-8, v. j.

304. La philosophie des images énigmatiques, par le Père C.-F. Menestrier. *Lyon, J. Lions*, 1694, in-12, fig., bas.

305. La devise du roy justifiée par le P. Menestrier, de la Compagnie de Jésus, avec un recueil de cinq cens devises faites pour S. M. et toute la maison royale. *Paris, E. Michalet*, 1679, in-4, v. m.
Mouillures.

306. Devises héroïques et emblêmes, par M. Claude Paradin. — Devises royales, par Adrian d'Amboise. *A Paris, chez Rolet Boutonne*, 1621, 2 parties en 1 vol. pet. in-8, fr. et fig. grav. dans le texte, m. br., fil., dos orné.

307. Emblemata Florentii Schoonhovii, J.-C. Gondani, partim moralia partim etiam civilia. *Lugduni Batavorum, ex. off. Elzeviriana*, 1626, fig., pet. in-4 v.

---

308. Les lettres choisies du sieur de Balzac. *A. Leiden, chez les Elzeviers, s. d.* in-12, fr. gr., rel. en parch.

309. Lettres à une inconnue, par Prosper Merimée, précédées d'une étude sur Merimée par Taine, t. Ier. *Paris, M. Lévy*, 1874, in-8 br.

310. Collection des classiques français contenant Voltaire, Rousseau, La Fontaine, Boileau, Racine, Corneille, Malherbe, Gresset, Regnard, Destouches, etc. *Paris, Dufour*, 1828, 2 parties, demi-rel. v. rouge, n. rog. (*Bibolet*).
Envoi autographe.

311. La littérature française depuis la formation de la langue jusqu'à la Révolution. Lectures choisies par le lieutenant-colonel Staaff. *Paris, Didier*, 1868, in-8, demi-rel. chag.
Envoi autographe de l'auteur.

312. Mélange d'histoire et de littérature, recueillis par M. de Vigneul-Marville (Bonaventure d'Argonne), 2e édition. *Imp. à Rouen. Paris, C. Prudhomme*, 1701, 3 vol. in-12, v. jasp.

313. Mélanges d'histoire et de littérature orientales, par Defrémery, recueil factice en 1 vol. in-8, demi-rel. v. f.

HISTOIRE

314. La table de Peutinger, d'après l'original conservé à Vienne, avec des notes par Ernest Desjardin. *Paris, Hachette*, 1869-1874, 14 liv. in-fol.

315. Voyages en France [illegible] autres pays, par Racine, Lafontaine, Regnard, etc. *Paris, Chaumerot*, 1808, 5 vol. in-18, fig., v. rac., fil., tr. dor.

Histoire des religions.

316. Abrégé de l'origine de tous les cultes, par Dupuis. *Paris, E. Ledoux*, 1821, in-8, demi-rel.

317. Des cultes qui ont précédé et amené l'idolâtrie ou l'adoration des figures humaines. — Des divinités génératrices chez les anciens et les modernes, par J.-A. Dulaure. *Paris, Guillaume*, 1825, 2 vol. in-8, demi-rel. cuir de Russie, tr. m.

318. Recherches sur le culte, les symboles, les attributs et les monuments figurés de Vénus en Orient et en Occident, par M. Félix Lajard. *Paris, Bourgeois Maze*, 1837, gr. in-4, demi-chag. — Tableau et planche. *Paris, Gide et Baudry*, 1849, in-fol., demi-chag.

320. Mithologia sacro-profana seu florilegium fabularum in classes et locos morales digestum... authore P. Irenœo, a S. Catharina Blesensi ordinis carmelitarum, provinciæ Turoniæ. *Flexiœ Gervasium Laboe*, 1666, in-fol. bas.

321. Explication de divers monumens singuliers qui ont rapport à la religion des plus anciens peuples, avec un traité sur l'astrologie judiciaire, par le R. P. dom *** (Jacques Martin), religieux bénédictin. *Paris, Lambert*, 1739, in-4, planches, v. r.

322. Études de mythologie grecque, par Cerquand. Ulysse et Circé. Les syrènes. *Paris, Didier*, 1873, in-8, pl., br.

323. Handwörterbuch der griechischen und romischen mythologie von Ed. Jacobi. *Kobur und Leipzig*, 1835, in-8, demi-rel. cuir de Russie.

324. Histoire des druides et particulièrement de ceux de la Calédonie, d'après Smith, suivie de recherches sur les antiquités de Poligny et de Saint-Claude, par David de Saint-Georges. *Arbois, imp. Javel*, 1845, pet. in-8, demi-v. f.

Les druides par Bouché, de Cluny. *Paris*, 1844, in-8, demi-rel.

325. Pusterus. Vetus germanorum idolum, Michelstadiensis J. P. Christianus. *Staubius*, 1716, in-4 cart.

Longues notes mss. jointes au vol.

326. Le livre sacré et les mythes de l'antiquité américaine avec les livres héroïques et historiques des Quichés, ouv. original des indigènes des Guatémala, texte quiché et trad. française en regard, par l'abbé Brasseur de Bourbourg. *Paris, A. Bertrand*, 1861, gr. in-8, demi-rel. v. f.

Histoire universelle.

327. L'antiquité dévoilée par ses usages, par Boulanger. *Amsterdam, Marc-Michel Rey*, 1766, in-4, demi-rel. v. ant., n. rog.

328. Essais sur les noms d'hommes, de peuples et de lieux, par Eusèbe Salverte. *Paris, Bossange*, 1824, 2 vol. in-8, demi-rel. chag.

Taches d'encre au 1er volume.

329. Dictionnaire étymologique des noms propres d'hommes, par P. Hecquet-Boucrand. *Paris, V. Sarlit*, 1868, in-8 br.

330. Les fées du moyen âge, recherches sur leur origine, leur histoire et leurs attributs, pour servir à la connaissance de la mythologie gauloise, par Alfred Maury. *Paris, Ladrange*, 1843, pet. in-8 demi-v.

331. Les arts au moyen âge et à l'époque de la renaissance, par Paul Lacroix. *Paris, Didot*, 1869, gr. in-8, 19 planches en chrom., fig., broch.

332. Mœurs, usage et costumes, par P. Lacroix. *Paris, Didot*, 1871, gr. in-8, 15 planches en chrom., fig., broch.

333. Vie militaire et religieuse au moyen âge et à la renaissance, par P. Lacroix. *Paris, Didot*, 1873, gr. in-8 avec 14 planches en chr. et fig., broch.

334. L'histoire universelle de Trogue Pompée réduite en abrégé par Justin et traduite en français par le sieur de Collomby Cauvigny. *Paris, Nicolas Gasse*, 1627, pet. in-8 vélin.

335. Questions historiques, V-IXe siècle, cours d'histoire moderne professé à la faculté des lettres par Ch. Lenormant. *Paris, Waille*, 1845, 2 part. en 1 vol. in-8, demi-rel. v. v.

336. Manuel d'histoire ancienne de l'orient jusqu'aux guerres médiques, par F. Lenormant. *Paris, Lévy*, 1869, 2 in-12, demi-chag.

337. La Grèce avant les Grecs, étude linguistique et ethnographique, par L. Benloew. *Paris, Maisonneuve*, 1877, in-8 br.

338. Histoire des religions de la Grèce antique depuis leur origine jusqu'à leur complète constitution, par Alfred Maury. *Paris, Ladrange*, 1857, 2 vol. in-8, demi-rel. chag.

339. Recherches sur les établissement des Grecs en Sicile jusqu'à la réduction de cette île en province romaine, par Wladimir Brunet de Presle. *Paris, imp. royale*, 1845, in-8 pap. vergé, demi-rel. dos et coins chag. bleu.

Envoi autographe de l'auteur.

340. Le mont Olympe et l'Acarnanie, par L. Heuzey. *Paris, Didot*, 1860, gr. in-8, pl., demi-rel. dor. et coins mar. vert, fil., tr. peig.

Envoi autographe de l'auteur.

341. Études sur le Péloponèse, par E. Beulé. *Paris, F. Didot*, 1855, gr. in-8, demi-rel. chag. rouge.

Envoi autographe de l'auteur.

342. Recherches archéologiques à Éleusis, exécutées en 1860, par François Lenormant. Inscriptions. *Paris, Hachette*, 1862, in-8, demi-rel. mar. La Vall.

Envoi autographe de l'auteur.

343. Monographie de la voie éleusinienne, de ses monuments et de ses souvenirs, par François Lenormant. *Paris, L. Hachette*, 1864, in-8, fig. et pl., demi-mar. La Vall. fil.

344. Description de l'île de Patmos et de Samos, par V. Guérin. *Paris, Durand*, 1856, in-8, demi-rel.

345. Relation de l'état présent de la ville d'Athènes, ancienne capitale de la Grèce, bâtie depuis 3400 ans (par Babin). *Lyon, L. Pascal*, 1674, pet. in-12, v. ant., fil., porc-épic sur le dos et aux angles des plats, tr. dor. (*Aux armes de La Saussaye.*)

Bel exemplaire de la réimpression donnée par M. de Laborde.

346. Voyage en Grèce et dans le Levant fait en 1843-44, par Chenavard, architecte, Rey, peintre et Dalgabio, architecte. *Lyon, L. Boitel*, 1849, in-12, fig., demi-chag. vert.

347. Voyage en Grèce et dans le Levant, fait en 1843-44 par A. M. Chenavard, architecte, professeur à l'école impériale des Beaux-Arts de Lyon. *Lyon, imp. de Louis Perrin*, 1858, gr. in-fol. pl. gravées cart., n. rog.

Avec une lettre de l'auteur à M. de La Saussaye.

348. Egger. Opuscules, 2 vol. in-8, demi-rel.

Essai sur l'histoire de la critique chez les Grecs, suivi de la Poétique d'Aristote, 1849. — Examen critique des historiens anciens d'Auguste, 1844. — Etude sur les traités publics des Grecs et des Romains, 1866. — Appollinus Dyscole, 1854.

349. Le palais de Scaurus, ou description d'une maison royale, fragment d'un voyage fait à Rome vers la fin de la république par Mérovir, prince de Suèves, 2e édition. *Paris, F. Didot*, 1822, in-8, pap. vél., pl., demi-rel. v., n. rog.

350. Histoire des chevaliers romains considérée dans ses rapports avec celle des différentes constitutions de Rome, par Émile Belot. *Paris, Durand*, 1872, gr. in-8 broch.

351. Caius Julius Cæsar ad codices parisinos recensitus, cum varietate lectionum Julii Celsi commentariis et tabulis geographicis et notis quibus suas adjacerunt N. L. Achaintre et

N. E. Lemaire. *Parisiis, N. E. Lemaire*, 1819, 4 vol. in-8, demi-rel. v. bl.

352. Les commentaires de César, traduits par le vicomte de Toulongeon. *Paris, Verdière*, 1826, 4 t. en 2 vol. in-12, v. b., n. rog.

353. Les campagnes de Jules César dans les Gaules, études d'archéologie militaire par F. de Saulcy. *Paris, Didier*, 1862, 2 parties en 1 vol. in-8 chag.

L'un des 12 exemplaires sur papier vélin, avec un hommage autog. de l'auteur.

354. Saint Jérôme, la société chrétienne à Rome et l'émigration romaine en terre sainte, par Amédée Thierry. *Paris, Didier*, 1867, 2 vol. in-8 br.

Envoi autographe de l'auteur.

355. Études sur l'histoire romaine, par Prosper Mérimée. *Paris, Magen*, 1844, 2 t. en 1 vol. in-8, demi-rel. chag. vert, dor. en tête, n. rog.

Envoi autographe de l'auteur.

356. Les Romains de la décadence, par M. Paul Saint-Olive. *Lyon, A. Vingtrinier*, 1856, in-8, fig., demi-chag. noir.

357. Recherches sur les monuments et l'histoire des Normands et de la maison de Souabe dans l'Italie méridionale, publiées par les soins de M. le duc de Luynes ; texte par Huillard Bréholles, dessins par V. Baltard, architecte. *Paris, imp. Panckoucke*, 1844, in-fol. max., pl. grav.

Envoi autographe de l'auteur.

358. Voyage en Italie et en Sicile, par L. Simond. *Paris, Sautelet*, 1828, 2 vol. in-8, fig., demi-rel. v.

359. Le Tyrol et le nord de l'Italie, par Frédéric Mercey. *Paris*, 1830, 2 vol. in-8, demi-rel. v.

360. Insurrection de Naples en 1647, étude historique de don Angel de Saavedra, duc de Rivas, traduit de l'espagnol par le baron Léon d'Hervey de Saint-Denys. *Paris, Amyot*, 1849, 2 t. en 1 vol. in-8, demi-rel. v. ant.

361. Commentaire historique et chronologique sur les éphémérides intitulées Diurnali di messer Matteo di Giovenazzo, par H.-D. de Luynes. *Paris, F. Didot*, 1839, in-4, demi-rel. veau fauve, n. rog.

Envoi autographe de l'auteur.

362. Chroniques Siennoises, traduites de l'italien, précédées d'une introduction et accompagnées de notes par le duc de Dino. *Paris, Curmer*, 1847, gr. in-8, fig. et fac-simile demi-rel. dos et coins chag. rouge, tête dor., n. rog.

363. Histoire de don Pèdre Ier, roi de Castille, par Prosper

Mérimée, de l'Académie française. *Paris*, *Charpentier*, 1848, in-8, port. grav., demi-rel. v. ant., ébarbé.

364. Histoire d'Élisabeth de Valois, reine d'Espagne (1543-1568), par le marquis du Prat. *Paris*, *Techener*, 1859, gr. in-8, demi-rel. chag.

365. Essais historiques et critiques sur Richard III, roi d'Angleterre, par M. J. Rey. *Paris*, *A.-A. Renouard*, 1818, in-8 cart., n. rog.

Envoi autographe de l'auteur.

366. Views of London. *London*, *Hurst Robinson*, *s. d.*, album contenant 50 vues gravées sur acier, demi-rel. dos et coins mar. vert, n. rog. (*Bibolet*).

367. Chronique rimée des troubles de Flandre à la fin du XIVe siècle, publié d'après un manuscrit de Lille, par Edward Le Glay. *Lille*, *imp. Ducrocq*, 1842, in-8, demi-chag. bleu.

368. Histoire de l'ancien pays de Liège, par L. Polain. *Liège*, *imp. G. Ledoux*, 1844, 2 tomes en 1 vol. gr. in-8, demi-rel. v. ant.

369. La Germanie, traduite de Tacite, par C.-L.-F. Panckoucke. *Paris*, *Panckoucke*, 1824, in-8 et atlas in-4, demi-rel. v. f.

370. Johannis Heumanni commentarii de re diplomatica imperatorum ac regum Germanorum inde a Caroli M. temporibus adornati. *Norimbergæ*, *J.-G. Lochneri*, 1745, in-4, pl., v. f., fil., tr. dor.

371. Les Germains avant le christianisme, par A.-F. Ozanam. *Paris*, *Lecoffre*, 1847, 2 vol. in-8, demi-rel. v. f.

Envoi autographe de l'auteur.

372. Geschichte des 7 jahieges in Deutschland von 1756 bi 1763 von Archenhols. *Mannheim*, 1793, 2 vol. in-12, demi-rel. bas.

373. Description de l'Ukraine depuis les confins de la Moscovie jusqu'aux limites de la Transylvanie, par le chevalier de Beauplan, nouvelle édition publiée par le prince Augustin Galitzin. *Paris*, *Techener*, 1861, in-12, pap. vergé de Holl., demi-rel. dos et coins mar. La Vall., tête dor., n. rog.

374. Fragments de géographes et d'historiens arabes et persans inédits, relatifs aux anciens peuples du Caucase et de la Russie méridionale, traduits et annotés par M. Defrémery. *Paris*, *Imp. Nat.*, 1849, in-8, demi-rel. v. fauve.

Envoi autographe de l'auteur.

375. Épisode de l'histoire de Russie. Les faux Démétrius, par Prosper Mérimée. *Paris*, *Michel Lévy*, 1853, in-12, demi-mar. vert, tr. peigne.

376. Cartulaire de l'église du Saint-Sépulcre de Jérusalem, publié d'après les manuscrits du Vatican, par Eugène de Rozières. *Paris, Imp. Nat.*, 1849, in-4, demi-chag. noir.
Envoi autographe de l'auteur.

377. Étude historique et topographique de la tribu de Juda, par E.-G. Rey. *Paris, A. Bertrand, s. d.*, gr. in-8, planches et carte., demi-rel. chag. La Vall., n. rog.

378. Étude sur les monuments de l'architecture militaire des croisés en Syrie et dans l'île de Chypre, par G. Rey. *Paris, Imp. nat.* 1872, in-4 cart.

379. Les derniers jours de Jérusalem, par F. de Saulcy. *Paris, Hachette*, 1866, in-8 broch.

380. Histoire de l'empire ottoman depuis sa fondation jusqu'à la paix d'Yassy en 1792, par M. de Salaberry. *Paris, Baudoin*, 1824, 4 vol. in-8, demi-rel. v. fauve.

381. Essai sur l'histoire des Arabes avant l'islamisme pendant l'époque de Mahomet, par Caussin de Perceval. *Paris, Didot*, 1847, 3 vol. in-8, demi-rel. v. ant.
Envoi autographe.

382. Voyage archéologique dans la régence de Tunis, exécuté et publié sous les auspices et aux frais de H. d'Albert duc de Luynes, par V. Guérin. *Paris, Plon*, 1862, 2 vol. in-8, demi-rel. chag. v.

383. Histoire des Samanides, par Mirkhoud, texte persan traduit et accompagné de notes par Defrémery. *Paris, Imp. Royale*, 1845, in-8, demi-rel. v. f.

384. Recherches sur le règne de Barkiarok, sultan seldjoukide, par Defrémery. *Paris, Imp. Impériale*, 1853, in-8, demi-rel. v. f.

385. Description de l'Afrique septentrionale, par El-Bekri, traduite par Mac Guckin de Slane. *Paris, Imp. Impériale*, 1859, in-8, demi-rel. v. f.
Hommage de l'auteur.

386. André Bruce ou l'origine de la colonie française du Sénégal, avec une carte de la Sénégambie, par E.-F. Berlioux. *Paris, Guillaumin*, 1874, in-8 broch.
Envoi d'auteur.

Histoire de France.

387. Hadriani Valesii, historiographi regii, notitia Galliarum, ordine litterarum digesta. *Parisiis, Franciscum Leonard*, 1675, in-fol., demi-rel. bas.

388. Dictionnaires topographiques de la France. *Paris, Imp. Impériale*, 1860-1874, 11 vol. in-4, broch.

Aube, Aisne, Eure-et-Loir, Gard, Haut-Rhin, Hérault, Meurthe, Meuse, Nièvre, Basses-Pyrénées, Yonne.

389. Répertoires archéologiques : Aube, par d'Arbois de Jubinville. — Oise, par Woillez. — Morbihan, par Rosenzweig. — Tarn, par H. Crozes. *Paris, Imp. Impériale*, 1862-65, 4 vol. in-4, broch.

390. Géographie ancienne historique et comparée des Gaules cisalpine et transalpine, par le baron Walckenaer. *Paris, Dufart*, 1839, 3 tomes en 2 vol. in-8, demi-rel., cuir de Russie et atlas in 4.

391. Notice de l'ancienne Gaule, tirée des monuments romains, par M. d'Anville. *Paris, Desaint et Saillant*, 1760, in-4, port. gravé par Saint-Aubin et cartes, bas. m.

392. Éclaircissement géographique sur l'ancienne Gaule, par M. d'Anville. *Paris, veuve Estienne*, 1741, in-12, v. j.

393. Essai sur le système des divisions territoriales de la Gaule, depuis l'âge romain jusqu'à la fin de la dynastie carlovingienne, par M. B. Guérard. *Paris, Imp. Royale*, 1832, in-8, demi-rel. v. b.

394. Recueil de monumens antiques, la plupart inédits et découverts dans l'ancienne Gaule, pour faire suite aux recueils de Caylus et de la Sauvagère, par Grivaud de la Vincelle. *Paris*, 1817, 2 tomes en 1 vol in-4, planches, demi-rel. v. n. rog.

395. Des Celtes antérieurement aux temps historiques, par Le Deist de Botidoux. *Paris, Nicolle*, 1817, in-8, demi-rel. dos et coins chag. rouge, dor. en tête, n. rog.

396. Antiquité de la nation et de la langue des Celtes appelés Gaulois, par le R. P. Dom Pezron. *Paris, Jean Boudot*, 1703, in-12, bas. j.

397. Éclaircissements historiques sur les origines celtiques et gauloises avec les quatre premiers siècles des annales des Gaules, par le R. P. D. (Jacques Martin), bénédictin de la congrégation de Saint-Maur. *Paris, Durand*, 1744, in-12 v. j., fil.

398. Histoire des Celtes et particulièrement des Gaulois et des Germains, depuis les temps fabuleux jusqu'à la prise de Rome par les Gaulois, par Simon Pelloutier, édition revue par de Chiniac. *Paris, Quillau*, 1771, 2 vol. in-4, v. j., pl., dent. int., tr. dor.

399. Histoire des Gaulois, depuis les temps les plus reculés jusqu'à la soumission de la Gaule, par Amédée Thierry. *Paris, Sautelet*, 1828, 3 vol. in-8, demi-rel. v. fauve.

Envoi autographe de l'auteur.

400. Ethnogénie gauloise. Preuves intellectuelles. Le génie gaulois, par Roget, baron de Belloguet. *Paris*, 1868. — Recherches sur l'origine des Gaulois, par Levêque. *Paris*, 1869, 2 vol. in-8, broch.

401. Recherches sur les peuples cambiovicenses de la carte de Peutinger... sur les premiers ouvrages de tuilerie et de briqueterie pendant le séjour des Romains dans les Gaules, par Barailon. *Paris*, *Dentu*, 1806, in-8, demi-rel. v., n. rog.

402. Recherches sur les origines celtiques, principalement sur celles du Bugey, considéré comme berceau du Delta celtique, par Bacon-Tacon. *Paris*, *P. Didot*, an VI, 2 vol. in-8, port. et cart., bas. gran.

403. Mémoires de l'Académie celtique. *Paris*, *Dentu*, 1807-1810, 5 vol. in-8, pl., demi-rel.

404. Revue celtique, dirigée par Gaidoz. *Paris*, 1870-76, 6 numéros broch.

405. L'état de la France (par le P. Ange). *Paris*, *Charles Osmont*, 1722, 5 vol. in-12, v. j.

Mœurs et usages.

406. Histoire de la vie privée des Français, par Le Grand d'Aussy, édition revue par J. D. B. de Roquefort. *Paris*, *Simonet*, 1815, 3 vol. in-8, demi-rel. v., n. rog.

407. Études sur l'histoire, les lois et les institutions de l'époque mérovingiennes, par J. de Pétigny. *Paris*, *Durand*, 1851, 3 vol. in-8, demi-rel. dos et coins cuir de Russie, dor. en tête, n. rog.

408. La France sous Philippe-le-Bel, étude sur les institutions politiques et administratives du moyen-âge, par Edgard Boutaric. *Paris*, *Plon*, 1861, in-8 broch.

409. Essai sur les capitaineries royales et autres, et sur les maux incroyables qui en résultent depuis Louis XI, par M. B. D. L. R. A. A. P. (Boucher de la Richarderie), *S. L.*, 1789, pet. in-8, v. m.

410. Histoire des modes françaises ou révolution du costume en France (par Molé). *Paris*, *Merigot*, 1777, 2 part. en 1 vol. in-12, demi-bas. — Almanach des modes, 1814, in-12, fig. col. dans un étui.

411. Histoire des révolutions de la barbe des Français, depuis l'origine de la monarchie. *Paris*, *Ponthieu*, 1826, pet. in-12, demi-v. ant.

Réimpression due aux soins de Motteley.

412. Histoire des classes agricoles en France, par C. Dareste de la Chavanne, 2e édition. *Paris, Guillaumin*, 1858, in-8, demi-rel. v.

413. Dictionnaire raisonné du mobilier français, par M. Viollet le Duc, architecte. *Paris, Bance et Morel*, 1858-1875, 6 vol. in-8, planches en noir et coul., demi-rel. dos cuir de Russie, tr. peigne.

414. Archives de la commission des monuments historiques, publiées par ordre de S. E. M. Achille Fould. *Paris, Gide et Baudry*, 1855-72, 4 vol. in-fol. max., planches, demi-rel. mar. rouge, n. rog.

415. Le tombeau de Childéric, premier roi des Francs, restitué à l'aide de l'archéologie et des découvertes récentes faites en France, Belgique, etc., par l'abbé Cochet. *Paris*, 1859, in-8, fig., demi-rel. mar. rouge.

Lettre autographe de l'auteur.

416. L'église et l'état en France au IXe siècle. Saint-Agobard, archevêque de Lyon, sa vie et ses écrits, par l'abbé Chevallard. *Lyon, Josserand*, 1869, in-8 broch.

---

417. Histoire de France depuis les origines jusqu'à nos jours, par C. Dareste. *Paris, H. Plon*, 1865-66, tomes 1 à 4, demi-rel. chag. bleu.

418. Essais sur l'histoire de France, par Guizot. *Paris, Brière*, 1824, in-8, demi-rel.

419. Abrégé de l'histoire de France, par V. Duruy, édition illustrée. *Paris, L. Hachette*, 1855, 2 vol. in-12, dos et coins mar. La Vall., tête dor., n. rog.

Envoi autographe de l'auteur.

420. Histoire et généalogie de la troisième dynastie des rois de France et des princes qui en descendent, par Perrault-Maynand. *Lyon, Perisse*, 1859, 2 vol. gr. in-8, tabl. gén., demi-rel. v. fauve.

Lettre autographe de l'auteur, jointe.

421. Les comtes de Paris, histoire de l'avènement de la troisième race, par E. Mourin. *Paris, Didier*, 1869, in-8 broch.

422. Histoire ecclésiastique des Francs, par Georges-Florent Grégoire, évêque de Tours, en dix livres, revue et collectionnée sur de nouveaux manuscrits et traduite par J. Guadet et Taranne. *Paris, Renouard*, 1836-37, 4 vol. in-8, demi-rel. v. f.

423. Saint Louis et Alfonse de Poitiers, étude sur la réunion des provinces du midi et de l'ouest à la commune, par Edgard Boutaric. *Paris, H. Plon*, 1870, in-8 broch.

Envoi autographe de l'auteur.

424. Histoire de la première croisade, par J.-F.-A. Peyré. *Lyon, Giraudier*, 1859, 2 forts vol. in-8, demi-rel. dos et coins mar. bl., tête supér. dor., n. rog.

L'un des 10 exemplaires tirés sur papier de Hollande, avec un envoi autographe de l'auteur.

425. Richer. Histoire de son temps, texte de Pertz avec traduction française, notice et commentaire, par Guadet. *Paris, Renouard*, 1845, 2 vol. in-8, demi-rel. v. f.

426. Mandements et actes divers de Charles V (1364-1380), publiés par M. Léopold Delisle. *Paris, Imp. Nat.*, 1874, in-4 cart., n. rog.

427. Vie de la reine Anne de Bretagne, femme des rois de France Charles VIII et Louis XII, suivie de lettres inédites et de documents originaux, par Le Roux de Lincy. *Paris, Curmer, Lyon, imp. L. Perrin*, 1860, 2 vol. in-8, pap. teinté, fig., demi-rel. dos et coins cuir de Russie.

428. Histoire de Louis XII, roi de France, père du peuple, par messire Claude de Seyssel, Jean d'Auton et Jean de Saint-Gelais, mise en lumière par Théodore Godefroy. *Paris, Abraham Pacard*, 1615-1622, deux ouvrages en 1 vol. in-4, mar. rouge, fil., dent. int., tr. dor.

Bel exemplaire en ancienne reliure, portant au centre, aux angles des plats et sur le dos un chiffre surmonté d'une couronne ducale.

429. Lettres du roy Louis XII et du cardinal George d'Amboise. *Bruxelles, F. Foppens*, 1712, 4 vol. in-12, fig., v. f.

430. Vie du cardinal d'Amboise, premier ministre de Louis XII, par L. Legendre, sous-chantre de l'église de Paris. *Rouen, R. Machuel*, 1724, in-4, port. v. m.

431. Histoire de l'administration du cardinal d'Amboise, par le sieur Michel Baudier de Languedoc. *Paris, P. Rocolet*, 1634, in-4, v. j.

432. Vie d'Antoine du Prat, chancelier de France, par le marquis du Prat. *Versailles*, 1854. *Paris*, 1857, 2 vol. in-8, port., demi-rel. chag.

433. Jacques Cœur et Charles VII, ou la France au XVe siècle, par Pierre Clément. *Paris, Guillaumin*, 1853, 2 t. en 1 vol. in-8, port., demi-rel. v. ant.

Envoi autographe de l'auteur.

434. Le mistère du siège d'Orléans, publié pour la première fois d'après le manuscrit de la bibliothèque du Vatican, par

MM. Guessard et de Certain. *Paris, Imp. Impériale*, 1862, in-4 cart., n. rog.

435. Procès de condamnation et réhabilitation de Jeanne d'Arc, dite la Pucelle, publiés par Jules Quicherat. *Paris, J. Renouard*, 1841-1849, 5 vol. in-8, demi-rel. v. f.

436. Jeanne d'Arc. Recueil de brochures en 1 vol. in-8, demi-rel.

Vallet de Viriville, F. Lenormant, Vergnaud-Romagnési, etc.

437. Mémoires de Philippe de Commynes, nouvelle édition revue sur les manuscrits de la Bibliothèque royale, publiée par Mlle Dupont. *Paris, J. Renouard*, 1840, 3 vol. in-8, demi-rel. v. f.

438. Marguerite d'Angoulême, sœur de François Ier, son livre de dépenses 1540-1549, étude sur ses dernières années, par le comte de La Ferière-Percy. *Paris, Aubry*, 1862, pet. in-8, port. gr., demi-rel. dos et coins mar. bleu, dor. en tête, n. rog.

439. Les aventures du baron de Fœneste, par T. Agrippa d'Aubigné, édition revue et annotée, par M. Prosper Mérimée. *Paris, Jannet*, 1857, in-12 cart., n. rog.

Envoi autographe de l'auteur.

440. Satyre ménippée de la vertu du catholicon d'Espagne et de la tenue des estatz de Paris. *A Paris*, 1594, pet. in-8 parch.

Aux armes de Vincent Richard, échevin de Lyon en 1603 et 1604.

441. Journal historique de Pierre Fayet sur les troubles de la ligue, publié par V. Luzache. *Tours, imp. Ladevèze*, 1852, in-12, demi-chag. bleu.

On y a joint une lettre autographe de l'auteur.

442. La ligue, scènes historiques, par L. Vitet. *Paris, C. Gosselin*, 1844, 2 vol. in-12, demi-rel.

443. Recueil de diverses pièces servant à l'histoire de Henri III, roy de France et de Pologne (par Servin, Cayet, d'Aubigné, H. Estienne et la duchesse de Rohan). *Cologne, Pierre du Marteau*, 1666, pet. in-12, parch.

444. Recueil de pièces en 1 volume in-12, demi-veau fauve, n. rog.

Le Tygre, satyre sur les gestes des Guisards, 1561. *Douai*. — Egger. Notions de grammaire comparée. — Girardot et Durand. La cathédrale de Bourges. — Alfred Maury. Les fées du moyen-âge. *Paris*, 1843.

445. Histoire des ducs de Guise, par René de Bouillé. *Paris, Amyot*, 1849, 4 vol in-8, demi-rel. v.

446. Mémoires de Claude Haton, contenant le récit des événements accomplis de 1553 à 1582, principalement dans la Champagne et la Brie, publiés par Félix Bourquelot. *Paris, Imp. Impériale*, 1857, 2 vol. in-4 cart., n. rog.

447. Aubery du Maurier, ministre de France à La Haye, par H. Ouvré. *Paris, Durand*, 1857, in-8, demi-rel.

448. Les amours d'Anne d'Autriche, épouse de Louis XIII, avec le cardinal Richelieu, le véritable père de Louis XIV. *Cologne, P. Marteau*, 1730, pet. in-12, front. grav., v. ant., fil.

449. Le gouvernement de Louis XIV ou la cour, l'administration, les finances et le commerce de 1683 à 1689, par Pierre Clément. *Paris, Guillaumin*, 1848, gr. in-8, demi-rel. v. v.

Envoi autographe de l'auteur.

450. Lettres, instructions diplomatiques et papiers d'État du cardinal Richelieu, publiés par Avenel ; tome VII (1608-42). *Paris, Imp. Nationale*, 1874, in-4 cart.

451. Histoire de la vie et de l'administration de Colbert, contrôleur général des finances, par Pierre Clément. *Paris, Guillaumin*, 1846, in-8, demi-v. ant.

Envoi autographe de l'auteur.

452. Traité de la politique françoise, en 1 vol. pet. in-4 cart.

Manuscrit du XVIIe siècle sur papier. L'auteur est désigné par les initiales P. H. D. C.

453. Recueil de pièces de vers, airs chansons vaudeville, relatives au règnes de Louis XIV. In-4 bas. rac.

Manuscrit du temps sur papier, composé d'environ 500 pages.

454. Journal d'Olivier Lefèvre d'Ormesson et extrait des mémoires d'André Lefèvre d'Ormesson, publiés par M. Cheruel, *Paris, Imp. Impériale*, 1860-61, 2 vol. in-4 cart., n. rog.

455. Mémoires de Nicolas-Joseph Foucault, publiés et annotés par F. Beaudry. *Paris, Imp. Impériale*, 1862, in-4 cart., n. rog.

456. Prévarication du Père de la C..... (Chaise), confesseur du Roy, au préjudice des droits et des intérêts de Sa Majesté. *S. L. N. D.*, pet. in-12 v.

457. L'ambassade de Choiseul à Vienne, en 1757-58, d'après des documents inédits, par M. Filon. *Paris*, 1872, in-8 br.

458. Mémoires du comte de M.... (de Pontgibaud) précédés de cinq lettres ou considérations sur les mémoires particuliers (par M. le comte de Salaberry). *Paris, V. Thiercelin*, 1828, in-8, demi-rel. v.

459. Louis XVI, par le vicomte de Falloux. *Paris, Delloye*, 1840, gr. in-8, demi-rel. dos et coins chag rouge, tête dor., n. rog.

Envoi autographe de l'auteur.

460. Histoire de l'événement de Varennes, au 21 juin 1791, par le comte de Seze. *Paris, Dentu*, 1843, in-8, demi-rel. v.

461. Correspondance de L. P. J. d'Orléans, publiée par L. C. R. (Roussel, avocat), 2 édit. *Paris, Marchand*, 1801, in-12, port., demi-v. ant., n. rog.

462. Révolution française, recueil de pièces en 1 vol. in-8, demi-rel.

Recueil des bulletins des couches de Mme Target. — Le glaive vengeur de la République ou galerie révolutionnaire, avec la figure de la guillotine. — La Constitution française. *Blois, Billault, an* IV. — Marche des Marseillois. *Blois, Durie-Masson.* — Hymne de Goujon. *Vendôme, Cottereau.* — Recueil de Chansons patriotiques. *Blois, Masson*, 1793, etc.

463. Campagnes des Français pendant la révolution, par A. Liger. *Blois, imp. J. F. Billault*, 1798, 2 vol. in-8, demi-rel. v., n. rog.

464. Précis historique sur la formation et les actions de la 17e demi-brigade d'infanterie légère pendant la guerre de la liberté, rédigé par le citoyen Louis Pillet (né à Dhambery), chef de bataillon. *Blois, imp. de F. Masson*, in-8, demi-rel. v., n. rog.

465. Almanach des honnêtes gens, 1793. — La révolution en vaudevilles, tome second, an III. 2 vol. in-12, demi-rel. v. et chag.

466. Les angoisses de la mort ou idée des horreurs des prisons d'Arras, par Poirier et Montgey, an III. — Atrocités commises envers les citoyennes ci-devant détenues dans la maison d'arrêt d'Arras, par Joseph Lebon et ses adhérents, an VII. — Histoire du terrorisme dans le département de la Vienne, par Thibaudeau, représentant du peuple, en 1 vol. in-8, demi-rel.

467. Vie de Napoléon Bonaparte, augmentée d'une notice sur le général Rogniat, par Michaud. *Paris*, 1846, in-8, port., demi-v. ant.

468. Histoire de la dernière capitulation de Paris, par le baron Ernouf. *Paris, M. Lévy*, 1859, in-8, demi-rel. bas.

Lettre autographe de l'auteur.

469. Traité de la monarchie absolue et des véritables moyens pour opérer la libération de la France, garantir son territoire et assurer le bonheur du peuple, par le marquis Ducrest, ancien chancelier de la maison d'Orléans. *Paris*, 1816, in-8, mar. rouge dent. sur les plats, tr. dor.

Aux armes du duc grand amiral de France.

470. Moyen d'obtenir le bien que désirent le roi, le dauphin et les chambres et d'éviter les maux qui dérivent des conceptions financières de M. le président du conseil des ministres, par A. Séguin. *Paris*, 1826, in-8, mar. bleu, fil. dentel. fleurdelisée, doublé de tabis, tr. dor.

Exemplaire aux armes du roi Charles X.

471. La vie politique de M. Royer-Collard, ses discours et ses écrits, par M. de Barante, de l'Académie française. *Paris, Didier,* 1863, 2 vol. in-12 rel. pleine en chag. noir fil., comp. tr. jasp.

472. De la royauté au XIXe siècle, étude de l'histoire contemporaine, par M. le comte de Pradel. *Paris, A Le Clère,* 1841, in-8, demi-rel. v. vert.

Envoi autographe de l'auteur.

473. Le budget des cultes en France depuis le Concordat jusqu'à nos jours, par Ch. Jourdain. *Paris, Hachette,* 1859, in-8, demi-rel. v. f.

Envoi autographe de l'auteur.

474. Lettres de l'expédition de Chine et de Cochinchine, par Adolphe Armand. *Paris, Royer,* 1864, in-8 demi-rel. chag.

Envoi autographe.

475. La deuxième armée de la Loire, par le général Chanzy. *Paris, Plon,* 1871, in-8 broch.

L'atlas manque.

HISTOIRE DES PROVINCES DE FRANCE.

Paris et résidences royales.

476. Résidences royales et impériales de France, histoire et monuments, par l'abbé Bourassé. *Tours, Alfred Mame,* 1864, grand in-8, fig., pap. vélin, demi-rel. mar. vert, tête dor., n. rog.

477. Mémoires pour servir à l'histoire des maisons royales et bastimens de France, par A. Felibien, 1681, in-fol., demi-rel. dos et coins v. ant.

Copie manuscrite composée de 72 pages sur papier vergé réglé.

478. Souvenirs historiques des résidences royales de France, par Vatout, t. VI, château d'Amboise. *Paris,* 1845, in-8, demi-v.

479. Les résidences royales de la Loire, par Jules Loiseleur, bibliothécaire de la ville d'Orléans. *Paris, Dentu,* 1863, in-12, fig., demi-rel. chag. bleu.

480. Cartulaire de l'abbaye de Notre-Dame-de-la-Roche, de l'ordre de Saint-Augustin au diocèse de Paris, d'après le manuscrit original de la Bibliothèque impériale, publié par Auguste Moutié, sous les auspices et aux dépens de M. H. d'Albert, duc de Luynes, membre de l'Institut. *Paris, H. Plon,* 1862, in-4, et Atlas in-fol. cont. 40 planches.

Envoi autographe de l'auteur.

481. Histoire de l'Université de Paris au XVIIe et au XVIIIe siècle. — Index chronologicus chartarum pertinentium ad historiam universitatis Parisiensis, par Charles Jourdain. *Paris, L. Hachette,* 1862-66, 2 vol. in-fol., demi-rel. chag. rouge.

482. Statistique monumentale de Paris, publiée par les soins du ministre de l'Instruction publique, par Albert Lenoir, architecte. *Paris, Imprimerie Impériale,* 1867, 2 vol. in-fol., max., planches et 1 vol. in-4, demi-rel. dos et coins mar. rouge, tête dor., n. rog.

483. Itinéraire archéologique de Paris, par F. de Guilhermy, illustré de 15 figures et de 22 vignettes, d'après C. Fichot. *Paris, Bance,* 1855, pet. in-8 cart., n. rog.

484. Description de Notre-Dame de Paris, par de Guilhermy et Viollet-le-Duc. *Paris, Bance,* 1856, in-8, demi-chag. bleu.

485. Voyage littéraire sur les quais de Paris, par A. de Fontaine de Resbecq. *Paris, Durand,* 1857, in-12, cart., n. rog.

486. Voyage chez les Celtes ou de Paris au Mont Saint-Michel par Carnac, et notice sur les monuments celtiques des environs de Paris, par A. Carro. *Paris, Durand,* 1857, in-8, fig., demi-rel., v. v.

Orléanais.

487. Jodoci Sinceri itinerarium Galliæ. *Lugduni, J. du Creux,* 1616, pet. in-12, fig., rel. en parch.

488. Le même. *Amstelodami, Jansonium,* 1655, pet. in-12, front. gr., v. ant.

489. Voyage dans la vieille France, avec une excursion en Angleterre, Belgique, Hollande, Suisse et Savoie, par Jodocus Sincerus, écrivain allemand du XVIIe siècle, traduit du latin par Thalès Bernard. *Lyon,* 1859, in-12 demi-chag.

490. Les délices de la France. *Leide, Théodore Haak,* 1728, 3 vol. in-12, fig., demi-rel.

491. Le gentilhomme étranger voyageant en France, par le baron G. D. N. *Leyde, Baudouin Vander,* AA. 1699, in-12, front. gravé, cart.

492. Le voyageur français, par l'abbé Delaporte, tome 36, contenant la Bretagne, le Maine, le Perche, l'Orléanois, le Nivernois. *Paris, Moutard,* 1795, in-12, v. j.

493. Le voyage de France, dressé pour la commodité des françois et estrangers, par le sieur du Verdier. *Paris,* in-8, *s. d.*

494. Nouvelle description de la France, par Pignaniol de la Force, tome X (Orléanais). *Paris*, 1754, in-12, veau plein n. jans., fil., carte (*Kolher*).

495. L'hermite en province, par M. Jouy, t. XII, Maine, Anjou, Touraine, Orléanais, Poitou. *Paris*, *Pillet*, 1827, in-12, fig., demi-v. ant.

496. Papirii Massoni, descriptio fluminum Galliæ qua Francia est. *Parisiis*, *L. Billaine*, 1678, in-12 vél.

497. Touchard Lafosse. La Loire historique, tome III, contenant le département de Loir-et-Cher. *Tours*, *Pornin*, 1843, gr. in-8, pl. grav., demi-v. f.

498. Histoire de la communauté des marchands fréquentant la rivière de Loire et fleuves descendant en icelle par P. Mantellier, président à la cour impériale d'Orléans. *Orléans*, 1864-1869, 3 vol. in-8, demi-rel. chag., dor. en tête, n. rog.

499. Arrest par lequel est faict defenses au bailly de Blois d'entreprendre aucune cognoissance sur le faict de la navigation de la Loire. *Orléans*, *Eloy Gibier*, 1587. — C'est le droit de péage que le Roy, comme comte de Bloys, prélève sur les denrées et marchandises montans et baissans par la rivière de Loyre a cause de son grand port de Bloys. En ce compris le droict pretendu par le prieur de Sainct Jehan les Bloys. *Orléans*, *Fabian Hotot*, 1605, 2 plaq. pet. in-8, demi-rel.

500. Mémoires sur la généralité d'Orléans, dressés par M. de Bouville, intendant en 1698, in-fol. cart.

Manuscrit sur papier remontant au XVIIIe siècle.

501. Mémoires sur les antiquités du département du Loiret, par M. Jollois. *Paris*, 1836, in-fol., planches, demi-rel. v. n. rog.

Envoi autographe de l'auteur.

502. Album du département du Loiret, par C. F. Vergnaud-Romagnési, dessins de MM. Romagnési et Pensée. *Imp. Guyot à Orléans*, 1827, in-fol., demi-rel. n. rog.

503. Les hommes illustres de l'Orléanais, publié par C. Brainne, Debarbouiller, Lapierre. *Orléans*, 1852, 2 vol. in-8, demi-v. ant.

504. Généalogies des principales familles de l'Orléanais, table analytique des manuscrits d'Hubert, par C. de Vassal. *Orléans*, *H. Herluison*, 1862, gr. in-8, pl. de blasons, demi-rel. chag.

Beauce.

505. Histoire de la ville de Chartres, du pays chartrain et de la Beauce, par Doyen. *Chartres, Deshayes*, 1786, 2 vol. in-8, demi-rel.

506. Histoire de Chartres et de l'ancien pays chartrain, par V. Chevard. *Chartres, Durand Le Tellier*, an IX, 2 vol. in-8, demi-rel. v. bleu.

507. Monographie de la cathédrale de Chartres, publiée par les soins du ministre de l'Instruction publique. *Paris, Imprimerie Impériale*, 1867, Atlas in-fol. max., planches gravées et en chromolith., demi-rel. dos et coins mar. du Levant, n. rog.

508. Mémoires de la ville de Dourdan, recueillis par M. Jacques Delescornay, conseiller du roi et son advocat au mesme lieu. *Paris, Bertrand Martin*, 1624, pet. in-8 parch.

Orléans.

509. Annales Ecclesiæ Aurelianensis sæculis et libris sexdecim, Auctore Carolo Sausseyo, aureliano, S. theologiæ et I. V. doctore socio sorbonico, decano Ecclesiæ Aurelianensis. *Parisiis, Drouart*, 1615, in-4, rel. en parch.

510. Histoire et antiquitez de la ville et duché d'Orléans, par François Lemaire. *Orléans, par Maria Paris*, 1648, in-fol. veau br.

511. Essais historiques sur Orléans, ou description topographique et critique de cette capitale et de ses environs, par Beauvais de Préau. *Orléans, Couret de Villeneuve*, 1778, pet. in-8 cart., n. rog.

512. Histoire de la ville d'Orléans, par Vergnaud-Romagnési. *Orléans*, 1830, 2 tomes en 1 vol. in-12, demi-rel.

513. Recherches historiques sur la ville d'Orléans, par D. Lottin père. *Orléans, Jacob*, 1836-1845, 8 vol. in-8, planches, demi-rel. v.

514. Histoire architecturale de la ville d'Orléans, par M. de Buzonnière. *Orléans*, 1849, 2 tomes en 1 vol. in-8, demi-rel., chag. vert.

515. Anciens monuments religieux, civils et militaires les plus remarquables d'Orléans, par Charles Pensée. *Orléans, s. d.*, 64 lith. en 1 vol. in-fol., demi-rel. chag. vert.

516. Histoire du siège d'Orléans. — Lettre à Messieurs les membres de la Société des antiquaires de France, sur l'emplacement du fort des Tourelles, par M. Jollois. *Orléans*, 1833-1834, 2 parties en 1 vol. in-fol., planches cart., n. rog.

Envoi autographe de l'auteur.

517. Histoire du siège d'Orléans, par P. Mantellier, président à la cour impériale d'Orléans. *Orléans, H. Herluison*, 1867, in-12, demi-rel., mar. rouge, dor. en tête, n. rog.

L'un des 20 exemplaires sur papier vélin, avec un envoi autographe de l'auteur.

518. La harangue du peuple et Tiers Estat de toute la France au roy très chrestien Charles neufvième tenant ses grans estatz en sa ville d'Orléans, le premier jour de janvier 1561 faite par maistre Jean Lange de Luxe, conseiller et advocat de la Royne au parlement de Bourdeaux. — La harangue de par la noblesse de toute la France... faite par messire Jacques de Silly, damoiseau de Commercy, seigneur des baronies de Rochefort, Aulneau et Montmirail. *A Blois, par Julian Angelier, imp. et lib. tenant sa boutique au Palais* (1561), pet. in-4, réglé, demi-rel., v. ant.

Ces deux rares plaquettes se composent la première de 20 ff., la deuxième de 24. Au recto du dernier feuillet on lit : « Imprimé à Blois avec la permission de M. le bailly et gouverneur de la ville, avec les gens du roy et les eschevins. » Au verso sont figurées les armes de Blois. Dans le même volume : Contre-discours des misères de ce temps. 1562, 8 ff. en vers.

519. Antiquités du grand cimetière d'Orléans, par M. Jollois. *Orléans*, 1831, in-fol. planches, cart.

520. Notice historique sur l'ancien grand cimetière et sur les cimetières actuels d'Orléans, par Vergnaud-Romagnési. *Orléans*, 1824, in-4, cart.

521. Histoire du prieuré de la Magdeleine-les-Orléans, de l'ordre de Fontevrault, par Ludovic de Vauzelles. *Orléans, H. Herluison*, 1873, in-8, pap. teinté, broch.

522. Les évêques d'Orléans, par V. Pelletier, chanoine de l'église d'Orléans. *Orléans, Gatineau*, 1855, in-12, port. lith., demi-rel. chag.

523. Calendrier historique de l'Orléanais pour l'année 1788. *Orléans, Le Gall*, 1788, in-32, demi-rel. v.

524. Mémoire sur la valeur des principales denrées et marchandises qui se vendaient ou se consommaient en la ville d'Orléans, au cours du XIVe au XVIIIe siècle, par C. Mantellier. *Orléans*, 1861, gr. in-8, demi-rel. chag.

525. Revue orléanaise. *Orléans, A. Jacob*, 1848, 2 vol. gr. in-8, demi-rel. v.

526. Essais historique sur la ville de Beaugency et ses environs, par J. N. Pellieux. *Beaugency, Jabre*, an VII, 2 parties en 1 vol. in-12, demi-rel. n. rog.

527. Essais historiques sur la ville et le canton de Beaugency, par M. Pellieux, édition refondue par M. Lorin de Chaffin. *Orléans*, 1856, 2 vol. in-12, demi-rel. v. ant.

528. Sologne. Essai sur la topographie d'Olivet. — Mémoire sur l'amélioration de la Sologne, par M. d'Autroche. — Vues générales sur la Sologne, par Huet de Froberville. — Mémoires sur les fièvres de la Sologne, par l'abbé Ménard, en 1 vol. in-8, cart.

Envoi autographe.

529. Les Solonais, scènes de la vie des champs, par M. Léon de Buzonnière. *Paris, Ch. Leclère*, 1842, 2 vol. in-8, demi-rel.

Blaisois.

530. Département de Loir-et-Cher, 6 cartes publiées par le dépôt de la guerre, collées sur toile pliées dans un étui.

531. Description de Loir-et-Cher, par Peuchet et Chanlaire, 1810, in-4, demi-rel. v. fauve.

532. La chorographie du département de Loir-et-Cher, par Antony-Genevoix. *Blois, chez l'auteur*, 1844, in-12, demi-v. f.

533. Enquête agricole : Cher, Indre-et-Loire, Loir-et-Cher. *Paris, Imp. Impériale*, 1867, in-4, demi-rel. chag. noir.

534. Francis Wey. Dick Moon en France, journal d'un Anglais. *Paris, Hachette*, 1863, in-12, demi-rel. chag. bl.

Envoi autographe de l'auteur.

535. Paris en Amérique, par le docteur René Lefebvre, Parisien (Edouard La Boulaye). *Paris, Charpentier*, 1863, in-12, demi-chag. rouge.

536. Les entretiens d'Ariste et d'Eugène (par le P. Bouhours). *Paris, Seb. Marbre-Cramoisy*, 1671, in-4, 2 gr., v. f.

537. Le même, 1683, in-12, fr. gr., v. b.

538. Recueil de pièces concernant le Blaisois ou le département de Loir-et-Cher de 1588 à 1852 en 6 cartons, pet. in-fol., dos chag. rouge.

539. Annuaire de Loir-et-Cher, 1792, 1800 à 1807, 1830 à 1876, ensemble 25 vol. rel., dont 6 broch.

540. LES COUSTUMES generalles du pays et conte de Bloys ensemble les coustumes localles des baronnyes et chastellenies subgettes du ressort dudit bailliage, publiées et accordées en

présence de nous, Roger Barme president et Jehan Prevost, conseiller du roy nostre sire en sa court de parlement commissaire en ceste partie. La dicte publication faicte en la ville de de Bloys, ville principalle dudit comte. Present a ce plusieurs et en grant nombre des gens deglise, nobles, praticiens, et bourgeois de lad. ville que des autres villes desd. pays et comte, le treziesme jour davril lan mil cinq cens vingt trois apres pasques et autres jours en ensuivant les letres patentes du Roy nostred. seigneur a nous envoyées a ceste fin, in-4, rel. en parch.

Manuscrit original de la coutume de Blois; il est composé de 102 ff. parchemin et porte les signatures de Louis d'Estampes, Antoine Le Viste, Denis Musset, Jean Papin et Prevost.

541. Coustumes generalles du pays et comte de Bloys, ensemble les coustumes localles des baronnies et chastellenies subgectes du ressort audit bailliage, publiées et accordées en presence de nous Roger Barme president et Jehan Prevost, conseiller du roy nostre sire en sa court de parlement commissaire en ceste partie... (A la fin) *Imprimées à Paris, par Anthoine et Nicolas les couteaulx, imprimeurs pour messieurs les eschevins de ladicte ville de Bloys, le 24e jour de septembre 1524*, in-4, car. goth., armoiries de la ville de Blois sur le titre, bas. estamp.

542. Coustumes generalles du pays et comte de Bloys, avec les coustumes localles des chastellenies et baronnies du ressort dudit comte. *On les vend a Paris au palaye en la gallerie par ou on va a la chancellerie, par Jehan Longis, 1547.* (A la fin) *Imprimées a Paris, par Jehan Real*, pet. in-8, caract. goth., titre rouge et noir, marque sur le dernier ff., demi-reliure v. fauve.

Manque le titre et la table.

543. Les mêmes. *Imprimées par Jehan Longis* (manque le titre et la table), rel. bas.

544. Coustumes generales du pays et comte de Bloys. *A Bloys, par Barthellemi Gomet*, 1580, pet. in-8 cart.

545. Coustumes generales des pays et comté de Blois, avec les notes de M. Du Moulin. *Orléans, J. Nyon*, 1622, in-12 parch.

546. Coustumes générales du pays et comté de Blois avec les notes de Charles Du Moulin. *Blois, J. et M. Cottereau*, 1629, in-12 parch.

547. Coutumes générales du pays et comté de Blois ensemble les coutumes locales des baronnies et châtellenies sujettes du ressort de son bailliage avec des notes, par M. Fourré, avocat du roi au présidial de Blois. *Blois, J. P. J. Masson*, 1777, 2 tomes en 1 vol. in-4, demi-rel. dos et coins, n. rog.

548. D. Pontani, advocati bles., in consuetudines blesenses commentariorum. *Parisiis, Billaine*, 1677, 2 tomes en 1 vol. in-fol., v.

549. Dictionnaire de jurisprudence coutumière de la province de Blois ou coutume de Blois, rangée par ordre alphabétique, 2 parties en 1 vol. in-4, v. m.

Manuscrit sur papier composé de 160 pages, jolie écriture du XVIIIe siècle.

550. Cour d'assises de Loir-et-Cher, affaires relatives aux troubles de l'Ouest. *Blois, imp. Dezairs*, 1832, 2 vol. in-8, port., cart.

Blois.

551. Histoire de Blois contenant les antiquitez et singularitez du comté de Blois, les éloges de ses comtés et les vies des hommes illustres qui sont nez au Païs blesois, avec les noms et les armoiries des familles nobles du mesme païs, par J. Bernier, conseiller et médecin ordinaire de feue Madame, douairière d'Orléans. *A Paris, chez François Muguet*, 1682, in-4, v. j.

552. Essais historiques sur la ville de Blois et ses environs, par M. Fournier. *Blois, l'auteur*, 1785, in-12, demi-rel.

553. Histoire de Blois et de son territoire, par Touchard-Lafosse. *Blois, imp. F. Jahyer*, 1841, pet. in-8, fig. sur bois, demi-rel.

554. Histoire de Blois et de son territoire, depuis les temps les plus reculés jusqu'à nos jours, par G. Touchard-Lafosse. *Blois, imp. Félix Jahyer*, 1846, gr. in-8, fig. sur bois, demi-rel. v. f.

555. Histoire de Blois, par L. Bergevin et A. Dupré. *Blois, E. Dézairs*, 1846, 2 vol. in-8, demi-rel. v. fauve.

Hommage de l'éditeur.

556. Histoire de Blois, par Bergevin et A. Dupré. *Blois, E. Dezairs*, 1847, 2 vol. in-8, demi-rel. dos cuir de Russie, tête dor., n. rog.

557. Rues et maisons du vieux Blois, eaux-fortes par A. Queyroy, 20 planches en 1 vol. in-fol., demi-rel. chag. vert.

Toutes les planches sont signées de l'auteur, plus l'hommage à M. de La Saussaye sur la couverture conservée. On a ajouté la lettre de V. Hugo à M. Queyroy, 4 pp. in-fol.

558. Album des châteaux de Blois restauré, de Chambord, Chenonceau et Amboise, dessiné d'après nature par Monthe-

lier, avec texte par A. Baillargé et le vicomte J. de Walsh. *Blois*, *Prevost*, 1851, in-fol. oblong, demi-rel. chag. rouge, n. rog.

559. Vue de Blois, estampe gravée sur cuivre, tirée du Théâtre des cités du monde, par Hoghenberg, XVIe siècle, double in-fol. en larg.

560. Histoire du château de Blois, par L. de La Saussaye, correspondant de l'Institut. *Blois*, 1840, in-fol., planches, demi-rel. dos et coins mar. rouge, n. rog.

561. Le château de Blois, par L. de La Saussaye, 2e édition, revue, corrigée et augmentée. *Blois*, 1840. — Le château de Chambord, 3e édition. *Chambord*, 1837, en 1 vol. in-fol., demi-rel. chag. vert, n. rog.

562. La Saussaye. Guide du voyageur à Blois, et notices historiques sur son château. Diverses éditions.

563. Hortus regius blesensis. *Parisiis, ex typographia Antonii Vitré*, 1653, in-fol., rel. pl. en m. br., fil.

564. Hortus regius blesensis (A. Brunyerius auctor). *Parisiis, ex typog. Antonii Vitré*, 1655, in-fol. parch.

565. Hortus regius blesensis, pet. in-8, rel. en peau de truie.

Curieux manuscrit sur papier composé de 93 feuillets. Il est de la main de Jacques Gavois, docteur médecin de Paris, 1654. (Collection Jussieu.)

566. Index plantarum jussu et largitione C. S. R. (Gastonis Franciæ), in Gallia hucusque collectarum, anno 1651. In-4, réglé, rel. veau fauve, fil., tr. jasp.

Précieux manuscrit sur papier de 174 pages. Exemplaire de Gaston d'Orléans ; son chiffre, surmonté de la couronne ducale, figure sur le dos. Il provient de la bibliothèque de M. de Jussieu.

567. Hortus regius blesensis, auctus cum notulis durationis et charactismis plantarum tam additarum quam non scriptarum authore Roberto Morison, medico et professore botanico Ser. Carolo II, Magnæ Britanniæ regi. *Londini*, *typis Tho. Roycroft*, *impensis Jacobi Allestry*, 1669, In-12, v. b.

568. Premier registre des étrangers tenu au château de Blois, par le Père Maret, de drôlatique mémoire, 1842-1845, pet. in-4, demi-rel.

Les signatures sont placées sur 83 ff. On y trouve des réflexions de ce genre : « Nous, soussignés, à tous ceux qui ce castel visiteront, avons déclaré et déclarons que quelque curieuse que soit, en elle-même, cette antiquaille, par ses souvenirs et son architecture, elle emprunte, toutefois, les trois quarts de son mérite des curieuses explications du savant cicerone, du digne concierge, le père Marais. Auprès de son récit pâlissent ceux de P. de l'Étoile et de M. de La Saussaye. — Signé : SALMON, huissier de la Chambre des pairs. »

569. Mémorial, manuscrit par un anonyme (blaisois), de 1689 à 1725. Pet. in-4 sur papier, rel. en parch.

570. Mémoire pour établir la communauté d'origine des maisons de Blois, Chastillon et Marconnay, par M. de Saint-Pons. *Paris, imp. de Poussin*, 1830, in-4, pl., demi-rel.

571. Recueil de 14 pièces concernant le Blaisois, de 1578 à 1634, en 1 vol. in-12, rel. pl. en veau noir. (*Koehler.*)

Déclaration du roy pour le réglement général des monnoyes. *Bloys, Barthellemy Gomet*, 1578. — Actes de la seconde séance des Estats. — Remontrance au roy. — Remerciements par l'archevesque de Bourges. *Blois. Par Jacques Grégoire, colporteur, demeurant à Blois*, 1588. — Advertissement aux trois Estats. — Mémoires semez par quelques politics aux Estats de Bloys. — Coppie de la responce faicte par un polytique de Paris. — Les cruautez sanguinaires exercées envers feu Mgr le cardinal de Guise pendant les Estats de Blois. 1589 (portrait sur bois). — Adieu fait à la ville de Bloys par un seigneur catholique y estant detenu prisonnier, F. D. P. 1589. — Signes merveilleux aparuz sur la ville et chasteau de Bloys. 1589 (bois). — Histoire prodigieuse d'un homme provençal présenté à la royne mère estant au chasteau de Blois. 1618. — Lettres-patentes portant affranchissement du droit des francs-fiefs, etc. *Blois, Jacques* et *Michel Cottereau*, 1634.

572. Recueil de 10 pièces sur les états de Blois, en 1 vol. in-12, bas. j.

La harangue faite par Henri III, le 16 octobre 1588. — Remerciement fait par l'archevêque de Bourges. — Remonstrances faictes à Henri III par René, comte de Sansay, député du Poictou. *Lyon, Rigaud*, 1588. — Harangue du prévost des marchands. — Actes de la seconde séance des Estats. — La descouverture des deniers salez. 1588.

573. Le diogène françois ou les facétieux discours du vray anti-docteur comique blaisois. *Jouxte la coppie imprimée à Limoges par Guillaume Bureau*, 1617, plaq. de 16 ff. cart.

Très rare, cassure à un coin de feuillet.

574. Le budjet de Henri III ou les états de Blois, comédie historique (par le comte A.-M. Rœderer). *Paris, Bossange*, 1830, in-8, demi-chag.

575. Les états de Blois, tragédie en cinq actes et en vers, par Raynouard. *Paris, Mame*, 1814, in-8, port., demi-rel.

576. Les mémoires d'Henri de Lorraine, duc de Guise. *Paris, E. Martin*, 1681, in-12 v. b.

577. Procès-verbal des sessions du district de Blois, année 1791. *Blois, J.-B. Durie.* — De l'assemblée administrative du département de Loir-et-Cher. *Blois, J.-F. Billault*, 1791, en 1 vol. in-4 cart.

578. Papier-journal pour la communauté des maistres orlogers de cette ville de Bloys, commencé le quinziesme juillet 1664, in-fol. couvert en parch.

Ce registre, composé de 67 ff. sur papier, se termine au 17 novembre 1775.

579. Statuts pour les maîtres tonneliers de la ville, fauxbourg et banlieue de Blois. *Blois, imp. P.-J. Masson*, 1740, pl. in-4, n. rel.

580. Devises héroïques, présentées à Monseigneur de Menards, intendant de justice dans la généralité d'Oreleans, par les escoliers de la seconde du collège de Blois, lorsqu'il l'honorait de sa présence. 1674, in-4 n. rel.

Manuscrit sur papier composé de 19 ff.; sur chacun d'eux est une devise à la gouache. L'une d'elles représente la ville de Blois.

581. Conseil général de Loir-et-Cher, procès-verbaux. 1848 à 1866, 6 vol. in-8, demi-rel. v. ant.

582. Congrès scientifique de France, 4e session tenue à Blois, en septembre 1836. *Blois, F. Jahyer*, 1837, in-8, demi-rel. cuir de Russie, tête dor., n. rog.

583. Mémoires de la société des sciences et des lettres de la ville de Blois. *Blois*, 1833-67, 7 vol. in-8, les six premiers v. fauve pl., fil. sur les plats, dent. intér., tr. dor., le dernier vol. broch.

584. Bulletin de la société d'agriculture du département de Loir-et-Cher. *Blois*, 1820-47, 7 vol. et 4 liv. cart. et broch. n. rog.

585. Histoire du royal monastère de Sainct-Lomer de Blois, de l'ordre de sainct Benoist, recueillie fidèlement des vieilles chartes du mesme monastère et divisée en quatre parties, par dom Noël Mars, orléanais, religieux de la congrégation de Sainct-Maur ; manusc. de la bibliothèque de Blois, publié par A. Dupré. *Blois, imp. Marchand*, 1869, gr. in-8 broch. n. rog.

Exemplaire en grand papier.

586. Pouillé du diocèse de Blois. Petit in-8, demi-rel. cuir de Russie.

Manuscrit du XVIIIe siècle. Il contient 72 feuillets en papier.

587. Rituel du diocèse de Blois, publié par l'autorisation de Mgr J.-F.-P. de Caumartin, évêque de Blois. *Blois, Ph.-J. Masson*, 1730, in-4, v. b.

Exemplaire de Mgr de Caumartin avec son *ex libris*.

588. Office des ténèbres de la semaine sainte à l'usage du diocèse de Blois. *Blois, J.-P. Masson*, 1739, pet. in-12, bas. jasp.

589. Cérémonial à l'usage des religieuses de sainte Ursule de Blois. *Blois, chez Jean Regnault*, 1706, in-8, v. b.

590. Directoire des choses spirituelles pour les sœurs religieuses de l'hôtel-Dieu de Blois (1665), pet. in-12, bas.

591. Le coutelier prescheur de ferre, ou l'examen de la lettre du Sr Clément, coutelier, à M. de Refuge, au sujet des sermons de M. Testard, adressé à MM. de l'Église romaine du Blesois, par un protestant blesois, amateur de vérité et de charité. *A Saumur, par Jean Lesnier*, 1643, pet. in-8, mar. bleu, fil., dent. int., tr. dor. (*Koehler.*)

Communes du Blaisois.

592. Amboise. Chroniques des seigneurs d'Amboise, par frère Hervé de la Queue, de l'ordre et du couvent des frères prêcheurs de Paris, traduction du moine Jean de Marmoutier sur un ton différent de celui qu'a traduit l'abbé de Marolles, cart., n. rog.

Copie manuscrite due à M. de la Saussaye. Elle se compose de 436 pages.

593. Bury. Recueil mémorial des lettres-patentes du changement de nom du château et comté de Bury, en Blesois en comté de Rostaing, pour tenir lieu en France au marquisat de Rostaing, qui est en Allemagne, entre Bamberck et Franquefort. *A Paris, par Pierre Variquet*, 1656, in-4, fr. et pl. grav., v. f., fil. comp. (*aux armes de Charles, marquis de Rostaing*).

594. Chambord. Description de Chambord, dont le modèle en carton, de 6 p. de long sur 5 p. de large, a été présenté au Roy par le sieur Le Rouge, ingénieur géographe, en sept. 1750. *Paris, Jombert*, 13 pl. en 1 vol. in-fol., demi-rel., dos et coins veau.

595. Description historique et pittoresque du château de Chambord offert par la France à Mgr le duc de Bordeaux, par MM. Merle et Périé. *Paris, imp. P. Didot*, 1821, in-fol., pl. lith., cart., n. rog.

596. Chambord, par J.-T. Merle. *Paris, Urbain Canel*, 1832, in-12, rel. pl. en chag. vert, filets à froid et compart. en or sur les plats, dent. intér., tr. dor.

Bel exemplaire auquel on a ajouté un portrait de François Ier, sur chine et avant la lettre.

597. Histoire du château de Chambord, par M. de La Saussaye. *Blois*, 1865, pet. in-8 broch.

598. Pièces imprimées relatives au château de Chambord, en un carton pet. in-fol., dos chag. rouge.

599. Le divertissement de Chambord, meslé de comédie, de musique et d'entrées de balet. *A Blois, par Jules Hotot*, 1669, in-4 de 15 pages, demi-rel. chag. rouge.

Bel exemplaire.

600. Molière à Chambord, comédie en quatre actes et en vers par Auguste Desportes. *Paris, Tresse*, 1843, gr. in-8, demi-rel. chag.

601. Chaumont. Recherches sur le château de Chaumont et sur les seigneurs qui l'ont possédé, par M. l'abbé Joulin, desservant de cette commune. 1807, in-4 cart.

Copie faite en 1829 par M. de La Saussaye, sur le manuscrit original de l'auteur. On a mis en tête le portrait de l'abbé Joulin gravé au physionotrace.

602. Gièvres. Mémoire sur l'exploration d'un ancien cimetière romain, situé à Gièvres, Loir-et-Cher, et sur la découverte de l'emplacement de l'ancienne Gabris, par M. Jollois. *Orléans, Danicourt-Huet*, 1830, in-4, demi-rel. v. bleu.

603. Herbaud. La feste d'Erbaud du 8 octobre 1668, descrite par M. Peliçon. *S. n. l. d.*, pet. in-12, mar. bleu, jans. dent. intér., tr. dor. (*Capé.*)

604. Menars. De par le roi et nosseigneurs les commissaires de la chambre des comptes, députés par Sa Majesté pour procéder à l'évaluation de la terre et marquisat de Menars, cédés par le roi à Jeanne-Antoinette Poisson, dame de Pompadour, l'une des dames du palais de la reine, épouse séparée de C.-Q. Le Normant ; en contre-échange d'une maison appartenant à ladite dame, située à Passy. 10 pages in-fol.

605. Pont-Levoy, son abbaye et son école, album publié par L. Rabillon et Pornin, texte par Laurentie. 1844, in-4 cart.

606. Annales pontileviennes ou essais littéraires des rhétoriciens et des humanistes du collège de Pont-le-Voy, recueillies et publiées par les deux professeurs de rhétorique et d'humanités, année 1820, n°s 1 à 12. *Blois, Mme veuve Jahyer*, in-12, demi-rel. v.

607. Pont-Levoy. Recueil de pièces concernant l'école et la ville, de 1834 à 1841, en 2 vol. in-8, demi-rel. v.

608. Méthode latine, grammaire françoise, principes de la langue allemande, à l'usage de l'école royale militaire de Pont-Levoy. *Orléans, Rouzeau-Montaut*, 1787, 3 vol. in-8, rel. v.

609. Recueil de pièces imprimées sur Pont-Levoy, son abbaye, son collège. En un carton pet. in-fol., dos chag.

Vendômois.

610. Vendôme et le Vendômois, par G. de Passac. *Vendôme, Morand-Jahyer*, 1823, in-4, demi-rel.

611. Histoire de Vendôme et de ses environs, rédigée par l'abbé Simon. *Vendôme, Henrion*, 1834, 3 vol. in-8, demi-rel. v.

612. Histoire archéologique du Vendômois, par M. J. de Pétigny, dessins et plans de monuments par M. Launay. *Vendôme, Henrion*, 1849, in-4, planches, demi-rel. dos et coins mar. vert.

Envoi autographe de l'auteur.

613. Dissertation sur la sainte Larme de Vendôme, par J.-B. Thiers, curé de Vibraye. *Paris, veuve C. Thiboust*, 1699, in-12, v. jasp.

614. Bulletin de la société archéologique du Vendômois. *Vendôme*, 1862-68, 6 vol. in-8 cart.

Il manque le t. II, 1863.

Auteurs blaisois.

615. Aucher. L'entomologie ou l'histoire naturelle des insectes, enseignée en 15 leçons avec 75 figures en taille-douce, par R.-A.-E. (Aucher). *Paris, Aucher-Éloy. Blois, imp. Aucher-Éloy*, 1826. in-12, pl., demi-rel. v. vert, n. rog. — Annuaire de Loir-et-Cher 1824-26, en 1 vol. in-12 cart.

616. Relations de voyages en Orient de 1830 à 1838, par Aucher-Éloy, revues et annotées par le comte Jaubert. *Paris, Roret*, 1843, 2 t. en 1 vol. in-8, demi-rel., dos et coins mar. vert, tête dor., n. rog. (*Koehler*.)

617. Code du contentieux des contributions directes, par James Aucher. *Le Mans, Monnoyer*, 1864, in-8, demi-rel. bleue.

Envoi autographe de l'auteur.

618. Baignoux. Histoire philosophique de l'état social en France. *Paris, Fournier*, 1829. — Traité de la sphère. *Tours*, 1836, 2 vol. in-8, demi-rel.

619. Baignoux. Sanche-Riello, prince de Viana, ou les Maures en Espagne. *Tours, Mame*, 1835, 2 vol. — Amelina, épisode de la conquête des Espagnols dans l'île d'Haïti. *Tours*, 1841, 3 vol. in-8, demi-v. rouge, n. rog.

Envoi autographe de l'auteur.

620. Bailly de Blois. Traité des fièvres intermittentes, simples et pernicieuses. *Paris, Gabon*, 1825, in-8, demi-chag., dor. en tête, n. rog.

621. Mélanges de médecine et d'histoire, par Bailly. — Manuel de physique et d'astronomie, en 5 vol. in-8 et in-12 rel. et cart.

622. Le Français (par Bailly). *Paris*, 1831, in-fol., demi-rel. chag.

Ce recueil est composé de 14 nos; le premier porte la date du 27 novembre 1831, le dernier, du 10 décembre de la même année.

623. Baschet (Armand). Honoré de Balzac, essai sur l'homme et sur l'œuvre. *Paris*, *Giraud*, 1852, in-12 broch.

624. De Sainte-Adresse à Bagnères-de-Luchon, itinéraire humoristique. *Paris*, *Giraud*, 1852, in-12, demi-rel. mar. rouge, dor. en tête, n. rog. (*Capé.*)

625. Baschet. Souvenirs d'une mission. — Les archives de la sérénissime république de Venise. *Venise*, 1857, gr. in-8, pap. vergé, demi-rel. dos et coins mar. rouge, tête dor., n. rog. (*Capé.*)

626. Baschet (A.). La diplomatie vénitienne. Les princes de l'Europe au XVIe siècle, François Ier, Philippe II, Catherine de Médicis, les papes, les sultans, etc., d'après les rapports des ambassadeurs vénitiens. *Paris, Plon*, 1862, in-8, demi-rel. cuir de Russie, dor. en tête, n. rog.

627. Les femmes blondes selon les peintres de l'École de Venise, par deux Vénitiens (Feuillet de Conches et Armand Baschet). *Paris*, *A. Aubry*, 1865, in-8, demi-rel. dos et coins mar. rouge, fil., tête dor., n. rog.

628. La jeunesse de Catherine de Médicis, par A. de Reumont, traduit et annoté d'après des recherches nouvelles dans les archives du royaume d'Italie, par A. Baschet. *Paris*, *H. Plon*, 1866, pet. in-8, port., pap. vél., demi-rel. dos et coins mar. rouge, tête dor., n. rog. (*Masson-Debonnelle.*)

629. Baschet. Aldo Manuzio. Lettres et documents, 1495-1515. *Venetici, ex œdibus Antonellianis*, 1867, in-8, pap. vélin, demi-rel. dos et coins mar. rouge, tête dor., n. rog. (*Capé.*)

On a ajouté à ce livre, tiré à seulement 160 exemplaires, une lettre autographe d'Armand Baschet.

630. Les archives de Venise, histoire de la chancellerie secrète : le sénat, les ministres, etc., dans leurs rapports avec la France, par Armand Baschet. *Paris*, *Plon*, 1870, in-8 broch.

Envoi imprimé à M. de La Saussaye.

631. A. Beauvallet. De l'agriculture en Sologne. *Orléans*, 1844, in-8, demi-rel.

632. Bellangé. Tables de conversion de toutes les anciennes mesures du département de Loir-et-Cher en nouvelles mesures. *Blois*, *P. D. Verdier*, 1806, in-8, demi-rel. v. (*Bibolet.*)

633. Bernier. Essais de médecine, où il est traité de l'histoire et de la médecine et des médecins, par J. Bernier. *Paris*, *S. Langronne*, 1689, in-4, v. b.

634. Anti menagiana, où l'on cherche ces bons mots, cette morale, ces pensées judicieuses et tout ce que l'affiche du Menagiana nous a promis (par Jean Bernier, de Blois). *Paris*, 1693, in-12, v. j.

635. Jugements et nouvelles observations sur les œuvres de Rabelais ou le véritable Rabelais réformé (par Jean Bernier), *Paris, L. d'Houry*, 1697, in-12 v.

636. Blot (le docteur). Heures de loisir, par un membre de l'orphéon. *Blois*, 1860, in-12, demi-rel., dos et coins mar. rouge, tête dor., n. rog.

Envoi autographe de l'auteur.

637. Boesnier de l'Orme. De l'esprit du gouvernement économique, par M. Boesnier de l'Orme. *Paris, Debure*, 1775, in-8, demi-rel., dos et coins mar. vert, n. rog. (*Koehler*). — Essai sur les principes de la morale naturelle, par M. Boesnier de l'Orme. *Blois, J.-F. Billaut*, 1792, in-8, demi-rel., dos et coins mar. vert, n. rog. (*Koehler*).

638. Brisacier. Le jansénisme confondu dans l'avocat du sieur Callaghan, par le P. Brisacier, de la Compagnie de Jésus. Avec la deffence de son sermon fait à Blois le 29 mars 1651 contre la responce du Port-Royal. *Paris, Florentin Lambert*, 1651, 4 parties en 1 vol. in-4, rel. en parch.

639. Bourdonneau. Les hymnes de l'Église pour tous les dimanches, festes et féries de l'année, traduites en vers français de même mesure et sur le chant des vers latins. *A Blois, chez Alexis Moet, s. d.*, pet. in-12, n. rel.

640. Cantiques spirituels qui peuvent servir dans les avents et tous les autres temps de l'année, par Ph. Bourdonneau, curé de Vienne-les-Blois. *Blois, Jean Regnault*, 1719, pet. in-12 parch.

641. Bourdonneau (le R. P.). Cantici canticorum Salomonis pharaphrasis rithmica, juxta sonum literæ. *Blesis, Julium Hotot*, 1661, in-4, demi-rel.

642. Bourdonneau. L'espoux et l'espouse du cantique des cancantiques ou le commerce de l'âme dévote avec Jésus-Christ dans l'oraison en forme de drame et de représentation. *Paris, A. Chrétien*, 1663, in-12, v. b.

643. Celliez. L'âme consolée ou madame de Montmorency, à Moulins, par Mlle A. Celliez. *Paris, Deloye. Blois, imp. F. Jahyer*, in-12 carré, demi-rel. mar. rouge.

644. Cools (de). Œuvres diverses, 1819-1838, en 1 vol. in-8, demi-rel. cuir de Russie, dor. en tête, n. rog.

Vie d'Agricola (trad. de Tacite). — Considérations sur les colonies. — Traduction d'un sermon du 3e vendredi de carême. — De l'émancipation des esclaves dans les colonies françaises, etc.

645. Harold, le dernier des rois saxons, traduit de l'anglais par Sir E.-L. Bulwer (par le baron de Cools, né à Blois en 1787). *Paris, Guiraudet* et *Jouaust*, 1852, 2 t. en 1 vol. in-8, demi-rel. v. fauve.

646. Cheverny. Mémoires d'estat sur le règne de Henry III et Henri IV, par M. de Cheverny. *Paris, F. Mauger*, 1664, 2 vol. pet. in-12, v. j.

647. Les mêmes. *La Haye, Jean et Daniel Stencker*, 1669, 2 part. en 1 vol. pet. in-12 parch.

648. Les mêmes, publiées par Petitot, t. 36 de la collection des Mémoires relatifs à l'Histoire de France. *Paris, Foucault*, 1823, in-8, demi-rel. v. fauve, n. rog.

649. Deby (Pierre-Nicolas), né à Blois en 1773. De l'agriculture en Europe et en Amérique. *Paris, Huzard*, 1825, 2 vol. in-8, cart. — Manuel du magnanier, 1831, in-18, demi-rel.

650. Desaintange. Les fastes d'Ovide, traduction en vers par F. Desaintange. *Paris, Levrault*, 1804, 2 vol. in-8, demi-rel. chag. rouge, tête dor., n. rog.

651. Les métamorphoses d'Ovide, traduites par Desaintange. *Paris, Pissot*, 1778, in-8, broch.

652. Les mêmes. *Paris, l'auteur*, 1781, in-8, broch.

653. Les mêmes. *Paris, Michaud*, 1823, 4 vol. in-12, rel.

654. Le remède d'amour. *Paris, Michaud*, 1811, in-12, bas. rac.

655. Dinochau. Histoire philosophique et politique de l'Assemblée nationale, par un député des communes de B*** (Blois), mois d'août. *Paris, Devaux*, 1789, in-8, demi-rel.

Par Dinochau, avocat à Blois, député aux États-Généraux, auteur du Courrier de Madon. L'auteur alla se faire recevoir avoué à Orléans et mourut le 12 février 1813.

656. Courrier de Madon à l'Assemblée nationale permanente, novembre 1789 à août 1790 (par Dinochau). *Paris, imp. Demonville*, 1789-90, en 5 vol. in-8, bas. m.

657. Duchesne. Proposition de former une république suivant le plan de Montesquieu, dans les montagnes de la Guyane française. *Blois, C. Masson, nivôse an X*, in-8 cart., n. rog.

658. Ducoux. Notice sur Denis Papin, par le docteur Ducoux. *Blois, Morard*, 1854, in-12, fig., demi-rel. dos et coins cuir de Russie, dor. en tête, n. rog.

659. Dufay (docteur). Les anciens élèves du collège de Vendôme. Discours prononcé à la distribution des prix du Lycée, le 5 août 1884, par le docteur Dufay, sénateur de Loir-et-Cher. *Vendôme, C. Launay*, 1884, gr. in-8 br.

660. Dudict (Jacques). Le nouveau sciatère pour fabriquer toutes sortes d'horloges solaires sans centre avec une seule observation du soleil, par Jacques Dudict, blaisien. *A Blois, Gaucher-Colas*, 1631, pet. in-8 parch.

661. Durye. Tableau des prisons de Blois. *Blois, Masson et Durie*, an III. — Mandats impératifs à donner aux députés au Corps législatif. — Adresse au peuple français sur la monarchie de Louis XVIII et la religion de l'Etat. *Blois, Darneaux*, 1816, en 1 vol. in-8 cart.

662. Quelques fables ou mes loisirs, par J.-B. de Feraudy. *Paris*, 1821, 3e partie. *Blois*, 1823, 2 vol. in-12 cart.

La 3e partie est imprimée sur des cahiers en papiers chamois et vert alternés.

663. Fleury (François-Paul), né à Blois en 1753. Observations impartiales sur l'aménagement des bois du roi, de ceux des gens de main-morte et des particuliers, par un officier d'eaux et forêts. *Verdun, Christophe*, 1781, in-8 cart.

664. Fournier. Essais historiques sur la ville de Blois et ses environs. *Blois, chez l'auteur*, 1785, pet. in-8, demi-rel.

665. Garnier. Les huict derniers livres de la Henriade, contenans les faicts merveilleux de Henry, Roy de France et de Navarre, quatriesme de ce nom et des Princes et Seigneurs français qui l'ont accompagné a la poursuicte des Espagnols et autres ennemys conjurez de son Estat, dediez et presentez a sa majesté en son chasteau dudit Bloys, par Sebastian Garnier, son procureur général en son comté et bailliage de Bloys. *Bloys, chez la veufve Gomet*, 1593, in-4, demi-rel. chag. vert.

666. Garnier (Sébastien). La Henriade et la Loyssée, seconde édition sur la copie imprimée à Blois, chez la veuve Gomet. *Paris, Musier*, 1770, in-8, rel. pleine en veau fauve, fil., dos orn., tr. dor. (*Simier*.)

667. Gaudeau. Poésies par L. Gaudeau. *Blois*, 7 pièces en 1 vol. in-8, cart.

Chant religieux sur le baptême du duc de Bordeaux. — Une matinée de printemps. — Épitre à la jeunesse. — La mission de Blois. — La mort de Louis XVIII. — La mort de M. D.-J. Gable. — Élégie sur la mort de son père.

668. Grégoire. Instruction et cahier du hameau de Madon (par Grégoire). *S. l.*, 1789, in-8, demi-veau fauve.

669. Guesnois. Entretien d'Ariste et d'Eugène sur les affaires présentes de la religion, par M. *** (Guesnois, curé du diocèse de Blois), élève de M. l'abbé Du Gué. *S. l.*, 1744, in-12, mar. rouge (*anc. rel.*)

670. Guetté. Histoire de l'Église de France, composée sur les documents originaux et authentiques, par l'abbé Guetté. *Paris, V. Masson*, 1847-56, 12 tomes en 6 vol. gr. in-8, demi-rel. chag. bleu.

671. Histoire des Jésuites, par l'abbé Guetté. *Paris, Huet*, 1858, 3 vol. in-8, demi-rel. chag. bleu.

672. Guy de Souvigny. Cyri Thodori prodromi epigrammata nunc primum latinitate donata, cura et interpretatione Guidonis de Souvigny, blesensis, cong. orat. Dom. Jesu presbyteri. *Juliomagi, A. Hernault*, 1632, in-4, texte grec-latin, v. fauve, fil.

673. Hurault. Les mémoires d'estat de messire Philippes Hurault, comte de Chiverny, chancelier de France, avec une introduction à Monsieur son fils, ensemble la généalogie de la maison des Huraults, dressée sur plusieurs titres, arrects des cours souveraines, histoires et autres bonnes preuves. *Paris, Pierre Billaine*, 1636, in-4, rel. en parch.

674. Jahyer. Etudes sur les beaux-arts, salon de 1865, par Félix Jahyer. *Paris, Dentu*, 1865, in-12, demi-rel. v. fauve, n. rog.

Envoi autographe.

675. Johanneau (Éloi). Œuvres diverses en 9 vol. in-8 et in-12, demi-rel., port.

Extraits des mémoires de l'Académie celtique, 1808-1812. — Poésies, rhétorique et poétique de Voltaire. — Ornithologie de Latham. — Selectæ e profanis. — Mélanges littéraires.

676. Monuments celtiques ou recherches sur le culte des pierres, précédées d'une notice sur les Celtes et les Druides, et suivies d'étymologies celtiques, par MM. Cambry et E. Johanneau. *Paris, chez Mme Johanneau*, 1805, in-8, planch., cart. n. rogn.

677. Jurieu. Apologie pour la morale des reformez. *Quevilly*, 1675. — Justification de la morale des reformez contre les accusations de M. Arnaud. *La Haye*, 1695, 2 tomes en 1 vol. veau j.

678. Jurieu (Pierre). Abrégé de l'histoire du Concile de Trente. *Amsterdam, Henry Desbordes*, 1683, 2 vol. in-12, v. b.

679. Jurieu. Préjugez légitimes contre le papisme. *Amsterdam, Henry Desbordes*, 1685, in-4 bas.

680. Jurieu. Histoire critique des dogmes et des cultes, bons et mauvais, qui ont été dans l'Église depuis Adam jusqu'à Jésus-Christ. *Amsterdam, François l'Honoré*, 1704, in-4, fr. gr., rel. en parch.

681. Jurieu. Les vœux d'un patriote. *A Amsterdam*, 1788, in-8, demi-rel. cuir de Russie, tête dor., n. rog.

C'est la réimpression du livre : Les soupirs de la France esclave qui aspire après la liberté, ouvrage attribué à Jurieu.

682. La Saussaye (L. de). Mélanges, en 1 vol. in-8, demi-rel. cuir de Russie, dor. en tête, n. rog.

Recherches sur les moyens d'améliorer la condition physique et sociale de la Sologne. 1833. — Proposition d'un plan de travail par la Société des Sciences. 1833. — Essai sur l'origine de la ville de Blois. — Dissertation sur la pile Cinq-Mars. 1835. — Notice sur Chambord. 1835. —(Cent bévues de M. Jouy dans 34 pages de l'Ermite en province, relevées par un Blesois et par un Solonais. *Blois, Giroud*, 1828.

683. La vie et les ouvrages de Denis Papin, par L. de la Saussaye et A. Péan. Tome Ier, 1re partie. *Paris*, 1869, in-8, port., broch.

684. Blois et ses environs, 3e édition. *Blois*, 1862. *Lyon, imp. Perrin*, pet. in-8, fig., broch.

685. Le château de Blois, par L. de La Saussaye, 7e édition. *Blois*, 1875, pet. in-8, pl., br., pap. teinté.

686. La Saussaye (L. de). Ses publications sur le Blaisois.

687. La Saussaye (R. de). De l'extinction du paupérisme et de l'avenir du travail dans les sociétés modernes, par R. de La Saussaye. *Paris*, *Guillaumin*, 1870, in-8 broch.

688. Lavardin (J. de). Histoire de Georges Castriot, surnommé Scanderbeg, roy d'Albanie, par Jacques Delavardin, seigneur du Plessis-Bouvrot. *La Rochelle, par Hiérosme Haultin*, 1593, pet. in-8 parch.

689. Lezai-Marnésia. Lettres galantes de Julie à Ovide, par M. M*** (Mme de Lezai-Marnésia). *Paris*, *Bastien*, 1774, pet. in-12, v. m.

690. Les mêmes. *Paris*, *Delaunay*, 1809, in-12, fr. gr., v. m., fil.

691. Lezay. Le bonheur dans les campagnes. *Paris*, *Royez*, 1788, in-8, v. m., fil.

692. Qu'est-ce que la constitution de 93? Constitution de Massachusett, par Adrien Lezay. — Les Ruines, ou Voyage en France. *Paris*, an III, 3 part. en 1 vol. in-8, v. m.

693. Essai sur la nature champêtre en vers, avec des notes (par Lezay Marnésia). *Paris*, *Prault*, 1787, in-8, v. m.

694. Les paysages, ou essais sur la nature champêtre, par C. F. A. Lezay-Marnésia, nouv. édit. *Paris*, *Louis*, 1800, in-8, v. rac., dent. sur les plats.

695. Mes souvenirs. A mes enfants, (par Lezay-Marnésia, ancien préfet de Loir-et-Cher). *Blois, imp. E. Dezairs*, 1851, in-4, port. lith. par Mouilleron, d'après Couture, demi-rel. mar. vert, tête dor., n. rog.

Exemplaire avec hommage et dix pages mss. de l'auteur à M. de La Saussaye, intitulées : *Quelques idées sur la statue projetée à la mémoire de Papin.*

696. Louis de Blois. Miroir spirituel du révérend abbé de Liessie, M. Loys de Blois, translaté en françoys par F. Jean de Billy, prieur de la Chartreuse de Notre-Dame de Bonne-Espérance-lez-Gaillon. *A Paris, chez Guillaume Chaudière*, 1576, pet. in-12, demi-rel. dos et coins v. ant.

697. Œuvres choisies de Louis de Blois, traduites par M. l'abbé Godin. *Besançon, Turbergue et Jacquot*, 1843, 5 vol. in-32, demi-rel. chag. rouge.

698. Marchais (A.). L'estat présent de la France, assavoir celuy de la présente année 1653, par Antonin Marchais, professeur des mathématiques et des langues. *Jouxte la coppie, imprimée à Blois*, 1653, pet. in-12, mar. vert, fil., tr. dor. (*anc. rel.*).

699. Masson (Alex.-Fréd.), marquis de Pezai. Œuvres agréables et morales, ou variétés littéraires du marquis de Pezai, précédé d'un discours sur sa vie et ses ouvrages. *A Liège, chez Lemarié*, 1791, 2 vol. in-12, fig. et musique grav., demi-rel. dos et coins mar. rouge, n. rog.

700. Monier (P.). Histoire des arts qui ont rapport au dessin, par P. Monier, peintre du roi. *Paris, P. Giffart*, 1698, in-12, fr. gr., mar. rouge, fil., tr. dor. (*anc. rel.*).

701. Monsabré. Conférences du couvent de Saint-Thomas-d'Aquin, de Paris, par le R. P. J.-M.-L. Monsabré. *Paris, Poussielgue*, 1866, 2 vol. in-8, demi-rel. chag. bleu, dor. en tête, n. rog.

702. Morin (J.). Histoire de la délivrance de l'Église chrestienne par l'empereur Constantin et de la grandeur et souveraineté temporelles données à l'Église romaine par les roys de France. *Paris, Denis Moreau*, 1630, in-fol., fr. grav., v. m.

703. Morin. Joannis Morini Blesensis, cong. oratorii J.-C. presbyteri, diatribe eleuctica de sinceritate hebræi græcique textus dignoscenda adversus insanas quorumdam hæreticorum calumnias. *Parisiis, Antonius Vitray*, 1639, petit in-8 rel. en parch.

704. Morin (Jean). Exercitationes ecclesiasticæ in utrumque Samaritanorum Pentateuchum, de illorum religione et moribus. De antiquis hebræorum literis et siclis cabbalistiis Scripturæ Sanctæ interpretationibus, autore Joanne Morino Blesensi, cong. oratorii J.-C. presbyteri. *Parisiis, Antonius Vitray*, 1631, in-4 parch.

705. Morin (Jean). Commentarius historicus de disciplina in administratione pœnitentiæ. *Parisiis, G. Meturas*, 1651, in-fol. v. j.

706. Morin (Jean). Déclaration que le P. Jean Morin, prêtre de la congrégation de J.-C.-N.-S., fait aux RR. PP. de la mesme congrégation tenant leur assemblée générale à Orléans ce mois de septembre 1654. *Paris, Pierre Variquet*, 1654, pet. in-8, v. f., fil., tr. dor.

Rare.

707. Morin (Jean). Commentarius de sacris ecclesiæ ordinationibus. *Parisiis, G. Meturas*, 1655, in-fol., v. b.

708. Morin. Joannis Morini Blesensis opuscule hebræo samaritica. *Paris, G. Meturas*, 1657, in-12, v. grav., fil.

709. Morin (J.). Annales ecclesiæ orientalis antiquitates, cum notis Joh. Morini. *Lipsiæ et Francofurt.*, 1683, pet. in-12 rel. en parch.

710. Papin (Nicolas). Raisonnemens philosophiques touchant la salure, flux et reflux de la mer et l'origine des sources tant des fleuves que des fontaines ; la mer lumineuse, ou traité de la lumière de la mer, par Nicolas Papin, médecin de la ville de Blois. *Blois, François de la Saugère*, 1647, in-12, demi-rel. n. rog.

711. Nicolai Papinii Biesensis N. D. de pulvere sympathico dissertatio. *Lutetiæ, Simeonem Piget*, 1650, in-12, v. j.

Dans le même volume : Cattier. De la nature des bains de Bourbon. *Paris*, 1650. — Réponse à M. Papin touchant la poudre de sympathie, par Cattier. — La poudre de sympathie défendue contre les objections de M. Cattier, médecin du roy, par N. Papin, docteur-médecin. 1651.

712. Theatrum sympatheticum, in quo sympathiæ actiones variæ singulares et admirandæ, tam macro quam micoscomiæ exhibentur, opusculum lectu jucundum et utilissimum ; Digbæi, Papinii, Helmontii aliorumque recentiorum scriptorum. *Amstelædami, impensis Thomæ Fontani*, 1661, in-12, v. j.

713. La manière d'amolir les os et de faire cuire toutes sortes de viandes en fort peu de temps et à peu de frais, avec une description de la machine dont il se faut servir pour cet effet, ses propriétés et ses usages, confirmez par plusieurs expériences, nouvellement inventé par M. Papin, docteur en médecine. *Paris, Estienne Michallet*, 1682, pet. in-12, basane, fig.

714. Le même. *Amsterdam*, 1688, in-12, pl., demi-rel.

715. Papin (D.). Recueil de diverses pièces touchant quelques nouvelles machines et autres subjets philosophiques, par M. le docteur D. Papin. *A Cassel, pour Jacob Estienne, chez la veuve Jean Georges*, 1695, in-12 dérel.

716. Papin (Denis). A new digester or engine for softning bones containing the description of its make an use in these particulars viz, voyage at sea, confectionary making of drinks, chymistry and dying withan account of the price a good big engine will cost, and of the profit it will afford, by Denys Papin. M. D. fellow of the royal society. *London, Henry Bonwicke*, 1681, in-4, planches gr., v. ant., fil., dent. int., tr. rouge. (*Koehler.*)

717. Papin. Recueil des ouvrages composés par feu M. Papin, en faveur de la religion. — La tolérance des protestants et l'autorité de l'Église. *Paris*, 1692-1723, 4 vol. in-12, veau jasp.

718. Pardessus. Essai historique sur l'organisation judiciaire et l'administration de la justice, depuis Hugues Capet jusqu'à Louis XII. *Paris, A. Durand*, 1851, in-8. pap. vergé, demi-rel. cuir de Russie, tête dor., n. rog.

Exemplaire de l'auteur avec quelques corrections de sa main.

719. Pardessus. Collection des lois maritimes antérieures au XVIIIe siècle. *Paris, Imp. Royale*, 1828-45, 6 vol. in-4, demi-rel. mar. n.

720. Loi salique, ou recueil contenant les anciennes rédactions de cette loi et le texte connu sous le nom de *Lex emendata*, avec les notes et les dissertations, par J.-M. Pardessus. *Paris, Imp. Royale*, 1843, in-4, demi-rel. cuir de Russie, dor. en tête, n. rog.

721. Diplomata, chartæ, epistolæ, leges alique instrumenta ad res gallo-francicas spectantia prius collecta a de Brequigny et La Porte du Theil, nunc nova ratione ordinata, plurius umque aucta, edidit J.-M. Pardessus. *Lutetiæ Parisiorum, ex typographeo regio*, 1843-49, 2 vol. in-fol., demi-rel. mar. bl. tête dor., n. rog.

722. Pardessus. Œuvres. 10 vol. in-8 vel. et 1 broch. in-4.

Traité des servitudes, contrats, droit commercial, lettres de change, âge dans la législation romaine.

723. Patrice de Saint-Dié. Ouvrages dévots et curieux du R. P. Patrice de Sainct-Dié, P. capucin, 1661, en 1 vol. pet. in-4 rel. en parch.

Curieuses réunions de sujets gravés sur cuivre, d'emblèmes peints, de croix, pensées, etc.

724. Petri Blesensis divinarum ac humanarum litterarum, viri admodum copiosissimi insignia opera in unum voluminem collecta et emendata authore J.-M. doctore theologo subsequenti ordine habentur. *Venundantur ab Johanne parvo sub lilio aureo in via Jacobea*, 1519, in-fol., caract. goth., mar. vert (*anc. rel.*).

Très bel exemplaire, aux premières armes de J.-A. de Thou. On lit à la fin du dernier feuillet : « Opera et industria magistri Andree Boucard, calcographi, impensis Johannis Petit, bibliopole jurati. 1519. »

725. Opera Petri Blesensis, bathoniensis quondam in Angliæ archidiaconi et apud Cantuarientiem archiepiscopum cancellarii, ope et studio J. Busæi Noviomagi S.-J. theologi. *Moguntiæ, ex off. typ. Joannis Albini*, 1600, in-4 rel. pl. en v. ant., fil. et orn. à froid sur les plats, tr. m.

Bel exemplaire.

726. Paralipomena opusculorum Petri Blesensis et Joannis Trithemii aliorumque nuper in typographeo Moguntino editorum a J. Busæo, S.-J. theologo. *Moguntiæ, e typographeo Balthasani Lippii*, 1605, pet. in-8, mar. vert.

Exemplaires aux secondes armes de de Thou, avec son chiffre sur le dos.

727. Petri Blesensis bathoniensis in Anglia archidiaconi, opera omnia. *Parisiis, Sim. Piget*, 1667, in-fol., v. jasp.

728. Pétigny (de). Mélanges littéraires ou historiques, par M. de Pétigny. In-8, demi-rel. v. rouge.

Ce recueil factice comprend six brochures publiées par M. de Pétigny de 1830 à 1840.

729. Petit traité de l'univers matériel, ou astronomie physique, 3e partie, par le sieur Petit, arpenteur à Blois. *Paris, J Villette*, 1730, in-12, v. j.

730. Phelypeaux. Relation de l'origine du progrès et de la condamnation du quiétisme répandu en France, avec plusieurs anecdotes curieuses (par l'abbé Phelypeaux). *S. l.*, 1732, 2 vol. in-12, v. gr., fil.

731. Dionysii Pontani, advocati Blesensis in consuetudines Blesenses commentariorum. *Parisiis, Lud. Billaine*, 1677, 2 t. en 1 vol. in-fol. v. m.

732. Reneaulme (P.). Ex curationibus observationes quibus videre est morbos tuto cito et jucunde posse debellari, si præcipue Galenicis præceptis chymica remedia veniant subsidio, auctore Paulo Renealmo, Blesensi doctore medico. *Parisiis, A. Beys*, 1606, pet. in-8, rel. en parch.

733. Pauli Renealmi Blesensis specimen historiæ plantarum. Plantæ typis æneis expressæ. *Parisiis, H. Beys*, 1611, in-4, fig. grav., rel. en parch.

734. Ribier (Jacques). Mémoires et advis concernant les charges de MM. les chanceliers et gardes des sceaux de France et autres discours, par messire Jacques Ribier, conseiller du roi en son conseil d'estat. *Paris, Sébastien Cramoisy*, 1629, in-4, v. gran., t. dor.

735. Ribier (G.). Lettres et mémoires d'estat des roys, princes, ambassadeurs et autres ministres sous les règnes de François Ier, Henri II et François II, recueillis par Guillaume Ribier. *Blois, Jules Hotot,* 1666, 2 vol. in-fol., port. de G. Ribier, v. b.

736. Richaudeau. Les ursulines de Blois ou 230 ans d'un monastère, par l'abbé Richaudeau. *Paris, Lecoffre*, 1859, 2 vol. in-12, demi-chag. noir.

737. Robert-Houdin. Conférences d'un prestidigitateur, par Robert-Houdin. *Paris, Librairie Nouvelle*, 1859, 2 t. en 1 vol. in-8, demi-rel. mar. rouge, tête dor., n. rog.

738. Robert-Houdin. Confidences et révélations : comment on devient sorcier. *Blois, Lecesne*, 1868, gr. in-8, port., demi-rel. cuir de Russie, dor. en tête, n. rog.

739. Robert-Houdin. Les tricheries des Grecs dévoilées, l'art de gagner à tous les jeux. *Paris, Librairie Nouvelle*, 1861, in-8, fig., demi-rel. mar. rouge, tête dor., n. rog.

740. Roguet, Blaisois. Ordinarium cartusiense, continens novæ collectionis statutorum ejusdem ordinis (Ildefonsus Roguet, édit.). *Gratianopoli, ex typis Baratier ff. et Dardelet*, 1869, fort vol. in-12, rel. en vélin, tr. rouge.

Avec un envoi autographe de l'auteur, secrétaire du R. P. de la Grande-Chartreuse, à son compatriote M. de La Saussaye.

741. Salaberry (de). Voyage à Constantinople, en Italie et aux îles de l'Archipel. — Mon voyage au Mont-d'Or. *Paris, Maradan*, 1802, 2 vol. in-8 cart., n. rog.

742. Salaberry (Comte de). Loisirs d'un ménage en 1804. — Corisande de Beauvilliers, roman historique, 1806, 2 vol. — Lord Wiseby ou le célibataire. *Paris, Maradan*, 1808, 5 vol. en 4 tomes rel. et cart.

743. Salaberry. Œuvres politiques de Salaberry, 20 pièces en 1 vol. in-8, demi-rel. chag. — Développement des principes royalistes au 20 janvier. 1816, in-8 cart.

744. Simon (L.). Lettre sur la doctrine homéopathique, 1835. — Conférences sur l'homéopathie, 1869. — Procès des Saint-Simoniens, 1832. — Médecine légale et hygiène, 1828-30, 5 vol. in-8 et in-18, demi-rel.

745. Simon (L.). Philosophie des facultés actives et morales de l'homme, traduit de l'anglais Dugald-Stewart. — Mélanges philosophiques de Sir Mackintosh. *Paris, A. Johanneau*, 1829-34, 3 vol. in-8, demi-rel. v. v.

746. Temps (J. du). Chronologicarum demonstrationum libri tres, Joannis Temporarii, jurisconsulti Blesensis. *Rupellæ, ex officina Hieronymi Haultini*, 1600, in-fol., rel. en parch.

747. Mélanges poétiques, par Charles Turpin. *Blois, Lecesne*, 1870, 3 vol. in-12 broch.

Envoi autographe d'auteur.

748. Théodore de Blois. Histoire de Rochefort, contenant l'établissement de cette ville, de son port et arsenal de marine et les antiquités de son château. *Paris*, *Briasson*, 1733, in-4, fr. gr., v. j.

749. Le même. Demi-rel. cuir de Russie, n. rog.

750. Théodore de Blois. Histoire générale de la marine, contenant son origine chez tous les peuples du monde, ses progrès, son état actuel et les expéditions maritimes chez tous les peuples (par le R. P. Théodore de Blois). *Paris, P. Prault*, 1744, 2 vol. in-4, front. et fig., grav., v. m.

751. Thierry (Amédée). Tableau de l'empire romain depuis la fondation de Rome jusqu'à la fin du gouvernement impérial en Occident, par Amédée Thierry. *Paris, Didier et Cie*, 1862, in-8 demi-chag. bleu, tête dor., n. rog.

Envoi autographe de l'auteur.

751 *bis*. Récits de l'histoire romaine au Ve siècle, derniers temps de l'empire d'Occident, par Amédée Thierry. *Paris, Didier et Cie*, 1860, in-8, demi-rel., dos et coins mar. rouge, tête dor., n. rog. (*Capé.*)

Envoi autographe de l'auteur.

752. Histoire d'Attila et de ses successeurs jusqu'à l'établissement des Hongrois en Europe, suivie des légendes et traditions, par Amédée Thierry. *Paris*, *Didier*, 1856, 2 vol. in-8, demi-rel. cuir de Russie, tête dor., n. rog.

Envoi autographe de l'auteur.

753. Histoire des Gaulois sous l'administration romaine, par Amédée Thierry. *Paris*, *Just Tessier*, 1840, 3 vol. in-8, demi-rel. chag. bleu, tête dor., n. rog.

754. Histoire des Gaulois depuis les temps les plus reculés jusqu'à l'entière soumission de la Gaule à la domination romaine, par Amédée Thierry. 3e édition. *Paris, Jules Labitte*, 1844, 3 vol. in-8, demi-chag. bleu, tête dor., n. rog.

755. Résumé de l'histoire de Guyenne, par Amédée Thierry. *Paris*, *Lecointe et Durey*, 1825, in-12, pap. vergé, demi-rel. v. bl., n. rog.

756. Notice historique sur la vie et les travaux de M. Augustin Thierry, par M. Guigniaut. *Paris*, *typ. F. Didot*, 1863, gr. in-8, portrait ajouté, demi-rel. cuir de Russie, tête dor., n. rog.

757. Thierry (Augustin). De la réorganisation de la société européenne, ou de la nécessité et des moyens de rassembler les peuples de l'Europe en un seul corps politique en conservant à chacun son indépendance nationale, par le comte de Saint-Simon et par A. Thierry son élève. 2e édition. *Paris*, *A. Egron*, 1814, in-8, port., demi-rel. chag. bleu, tête dor., n. rog.

758. Récits des temps mérovingiens, précédés de considérations sur l'histoire de France, par Augustin Thierry, membre de l'Institut. *Paris, Just Tessier*, 1840, 2 vol. in-8, demi-rel. cuir de Russie, tête dor., n. rog.

Envoi autographe de l'auteur.

759. Histoire de la conquête de l'Angleterre par les Normands, de ses causes et de ses suites jusqu'à nos jours en Angleterre, en Écosse et sur les continents, par Augustin Thierry, 5e édition. *Paris, Just Tessier*, 1838, 4 vol. in-8 et atlas in-4, fig., demi-rel. veau bleu, n. rog.

760. Dix ans d'études historiques, par M. Augustin Thierry, 3e édition. *Paris, Just Tessier*, 1839, in-8, demi-rel. v. fauve, tête dor., n. rog.

761. Lettres sur l'histoire de France pour servir d'introduction à l'étude de cette histoire, par Augustin Thierry, 5e édition. *Paris, Just Tessier*, 1839, in-8, demi-rel. v. fauve, tête dor., n. rog.

762. Essai sur l'histoire de la formation et des progrès du Tiers-État, suivi de deux fragments du recueil des monuments inédits de cette histoire, par Augustin Thierry. *Paris, Furne et Cie*, 1853, in-8, portr., demi-rel. dos et coins cuir de Russie, tête dor., n. rog.

Envoi autographe de l'auteur.

763. Recueil des monuments inédits de l'histoire du Tiers-État, par Augustin Thierry, membre de l'Institut. *Paris, F. Didot*, 1860-70, 4 vol. in-4 cart.

764. Scènes de mœurs et de caractères au XIXe et au XVIIIe siècle, par Mme Augustin Thierry. *Paris, J. Tessier*, 1835, in-8, rel. pl. en veau fauve, fil. or et à froid sur les plats, dent. int., tr. dor.

765. Trinité (Jules). Mes rêves ou essais poétiques, par Jules Trinité, de Blois. *Blois, Prévost*, 1836, in-8, demi-rel. v. rouge, n. rog.

766. Vital de Blois. Querolus, antiqua comœdia nunquam antehac edita, quæ in vetusto codice manuscripto Plauti Aulularia inscribitur, nunc primum a Petro Daniele, aurelio luce donata et notis illustrata. *Parisiis, ex officina Rob Stephani, typ. regii.* 1564, 2 part. en 1 vol. pet. in-8 cart.

767. Vital, de Blois. Querolus sive Aulularia incerti auctoris comedia togata, recensuit et illustravit Rlinkhamer. *Amstelodami, H. Gartman*, 1829, in-8, demi-rel. v. fauve.

768. Vital, de Blois. Le traicté de Getta et d'Amphitrion, poème dialogué du XVe siècle, traduit du latin de Vital de Blois par Eustache Deschamps, publié pour la première fois

par le marquis de Queux Saint-Hilaire. *Paris, Librairie des bibliophiles*, 1872, pet. in-8, tiré à 330 exemplaires, pap. vergé, demi-rel. dos et coins mar. rouge, tête dor., n. rog.

769. Recueil de pièces d'auteurs blaisois, en 6 cartons, dos chag. vert, in-4 et in-8.

Impressions blaisoises.

770. Réglement pour l'instruction des procès qui se conduiront au bailliage et siège présidial de Bloys. *A Bloys, par Philippe Cottereau*, 1603, pet. in-8, mar. vert, fil., dent. intér., tr. dor. (*Niédré.*)

771. Grammaire françoise contenant reigles tres certaines et adresse tres asseurée à la naïve connoissance et pur usage de nostre langue en faveur des estrangers qui en seront desireux, par C.-M. Bl. *A Bloys, par Philippe Cottereau*, 1607, pet. in-8 parch.

772. Promenades de messire Antoine Coutel, chevalier, seigneur de Monteaux, des Ruez, Fouynais, etc. *A Blois, Alexis Moette*, 1676, pet. in-8, demi-rel.

773. Promenades de messire Antoine Coutel, chevalier, seigneur de Monteaux, des Ruez, Fouynais, etc. *A Blois, Alexis Moette, s. d.* (vers 1693), pet. in-8, v. porph., tr. j.

Note manuscrite de 2 pages de la main de L. Aimée-Martin.

774. Les desguisez, comedie françoise avec l'esplication des Proverbes et mots difficiles, par Charles Maupas. *A Bloys, par Gauché-Collas, devant la grand Fontaine*, 1626, in-12, mar. rouge, fil., dent. intérieure, tr. dor. (*Duru.*)

Exemplaire de Charles Nodier.

775. Le nouveau Sciatere pour fabriquer toutes sortes d'horloges solaires, sans centre, avec une seule observation du soleil, par Jacques Dudict, Blaisien. *A Blois, Gaucher-Colas*, 1631, pet. in-8.

776. Le temple des poëtes, dédié à Monseigneur frère unique du roy, par R. G., sieur de l'Espine, Croisicquais. *A Blois, par François de la Saugère*, 1638, in-4 de 32 ff. n. rel.

777. Raisonnemens philosophiques touchant la salure, flux et reflux de la mer, et l'origine des sources, tant des fleuves que des fontaines, par Nicolas Papin, médecin de la ville de Blois. *Blois, François de la Saugère*, 1647, in-12 vél.

Dans le même volume : De pulvere sympathico dissertatio et responce de N. Papin à la lettre d'un médecin touchant les fièvres malignes. *Paris, S. Piget*, 1650.

778. Description de l'état présent de la France, assavoir celuy de la presente année 1654, par Antoine Marchais, professeur des mathématiques et des langues. *Blois, par Fr. de la Saugère*, 1654, pet. in-12 parch.

779. La vie du Révérend P. Patrice de Saint-Dié, prédicateur capucin, lecteur en théologie (par René Gastineau). *Blois, Jules Hotot*, 1665, pet. in-8 relié en parch.

780. Regles de saint Augustin et constitution et directoire pour les sœurs de l'Hôtel-Dieu de Blois. *Blois, Jules Hotot*, 1665, in-32, mar. noir.

781. Les nouveaux délices de la langue latine, tirés de Cicéron et des meilleurs auteurs. *Blois, Jean Regnault*, 1704, in-32 parch. — Abrégé des participes, 1719, in-32, n. r.

782. Les poésies de M. G. (J.-B.-L. Gresset). *Blois, P.-J. Masson*, 1734. — Le Carême in-promptu et le Lutrin vivant, poèmes, par l'auteur de Vert-Vert. *Amsterdam*, 1736, en 1 vol. in-12, v.

783. L'enfant grammairien. *Blois, Pierre-Paul Charles*, 1755, fort vol. in-12, v. rouge, n. rog.

784. Mes rêves dans mon exil ou coup d'œil politique et militaire sur la Vendée, par le citoyen Hector Legros, adjudant-général, chef de brigade. *Blois, imp. J.-F. Billault, an III*, in-4 cart.

785. Nouvelles poésies lyriques et autres, par L. L. (Luzarches). *A Paris (Blois), an VI*, in-12 cart., n. rog.

786. Rose de Connival ou la chronique de La Vallée, suivi d'une notice sur Agnès Sorel, par M. Ph. de Pas. (de Passac). *Paris, Lecomte; Blois, Imp. veuve Verdier*, 1824, 2 vol. in-12 cart., n. rog.

Exemplaire sur papier chamois.

787. La luciade ou l'âne de Lucius de Patras, trad. nouvelle (grec-français). *Blois, imp. d'Aucher-Eloy*, 1827, pet. in-12, chag. rouge, fil., tr. dor.

Hommage de l'auteur.

788. Odes d'Anacréon, traduites en vers français par L.-A. Chevalier (né à Orléans en 1802), suivies de fables du même auteur. *Blois, imp. de Le Bissonnais*, 1833, in-18, demi-rel. v.

789. Un tour en Sicile, 1833, par le baron Gonsalve de Nervo. *Paris, chez les marchands de nouveautés; Blois, imp. F. Jahyer*, 1834, 2 vol. in-8, cartes, demi-rel. v. bl., n. rog.

Envoi autographe de l'auteur.

Journaux.

790. Affiches générales ou Journal d'annonces commerciales et judiciaires du département de Loir-et-Cher. Année 1823, 52 numéros en 1 vol. in-4. cart.

791. Journal littéraire du département de Loir-et-Cher. *A Blois, chez Aucher-Eloy*, 1824, tomes I et II en 1 vol. cart., n. rog.

792. Journal général du département de Loir-et-Cher. Seconde année, 4 janvier 1831 au 27 décembre, 52 numéros en 1 vol. in-4 cart., n. rog.

793. Le Constitutionnel de Loir-et-Cher, du 28 décembre 1832 au 30 novembre 1837, en 5 vol. in-fol., demi-rel. bas.

794. Le Blaisois, journal politique, littéraire et judiciaire. Du 19 novembre 1832 au 29 février 1834, 1 vol. — Deuxième série, du 16 mai 1836 au 4 août 1841, 2 vol. Ens. 3 vol. in-fol., demi-rel. bas.

Fondé par M. Félix Jahyer, imprimeur, ce journal contient des articles de MM. Léon Simon, André Vallois, de Pétigny, de La Saussaye et autres.

795. Journal de Loir-et-Cher. Du 2 mars 1834 au 18 avril 1852 en 11 vol. in-fol., demi-rel. bas.

796. Le Courrier de Loir-et-Cher. Du 3 décembre 1837 (5e année) au 31 décembre 1843, en 4 vol. in-fol., demi-rel.

797. La France centrale. Du 4 février 1847 au 31 décembre 1854, 4 vol. in-fol., cart. dos percal.

Maine. — Touraine. — Anjou. — Poitou.

798. Géographie ancienne du diocèse du Mans, par Th. Cauvin, suivi d'un essai sur les monnaies du Maine, par E. Hucher. *Le Mans, Gallienne*, 1845, gr. in-4, planches, demi-rel. v. fauve.

799. Histoire de Touraine, par Chalmel. *Tours, A. Mame*, 1828, 4 vol. in-8, demi-rel. v., n. rog.

800. Le paradis délicieux de la Touraine, par le R. P. F. Martin-Marteau de Saint-Gatien, prédicateur carme et directeur de l'hospice de Saint-Hubert en Gastinois. *Paris, P. du Pont*, 1660, in-4, demi-rel.

801. Tablettes chronologiques de l'histoire civile et ecclésiastique de Touraine, par J.-L. Chalmel. *Tours, Letourmy*, 1818, in-12, demi-rel., n. rog.

802. Recueil de chroniques de Touraine, publié par André Salmon. *Tours, Ladevèze*, 1854, gr. in-8, demi-chag.

803. Recherches historiques et archéologiques sur les églises romanes en Touraine du VIe au XIe siècle, texte par M. l'abbé Bourassé et l'abbé C. Chevalier; dessins photo-lithographiques par M. de Lafollye. *Tours, Ladevèze*, 1869, in-4, pl., demi-rel. cuir de Russie.

804. Études sur la Touraine, par l'abbé Chevalier et Charlot. *Tours, Guilland-Verger*, 1858, gr. in-8, demi-rel. bas.

805. Quelques lettres de Henry IV, relatives à la Touraine, publiées par le prince Augustin Galitzin. *Tours, imp. A. Mame*, 1860, in-8, demi-rel. dos et coins mar. La Vall., dor. en tête, n. rog.

L'un des 60 exemplaires sur papier vergé chamois.

806. Procès-verbal du pillage, par les huguenots, des reliques et joyaux de Saint-Martin de Tours en mai et juin 1562, publié pour la première fois par M. Ch.-L. Grandmaison. *Tours, Imp. Mame*, 1863, gr. in-8, pap. vergé, demi-rel. dos et coins mar. rouge, tête dor., n. rog.

L'un des 60 exemplaires sur papier chamois.

807. Lettres historiques des archives communales de la ville de Tours, depuis Charles VI jusqu'à la fin du règne de Henri IV, 1416-1594, publiées par V. Luzarche. *Tours, imp. A. Mame et Cie*, 1861, gr. in-8, demi-rel. dos et coins mar. rouge, tête dor., n. rog.

Tiré à 180 exemplaires; l'un des 70 sur papier chamois vergé.

808. Office de Pâques ou de la Résurrection, accompagné de la notation musicale et suivi d'hymnes et de sequences inédites, publié d'après un manuscrit du XIIe siècle de la Bibliothèque de Tours, par V. Luzarche. *Tours, imp. de J. Bouserez*, 1856, in-8, pap. teinté, demi-rel. dos et coins cuir de Russie, dor. en tête, n. rog.

809. Vie de monseigneur saint Martin de Tours, par Péan-Gatineau, poète du XIIIe siècle, publiée d'après un manuscrit de la Bibliothèque impériale, par M. l'abbé Bourassé. *Tours, A. Mame*, 1860, gr. in-8, pap. vergé, demi-rel. dos et coins mar. rouge, tête dor., n. rog.

L'un des 60 exemplaires sur papier chamois.

810. Études sur Grégoire de Tours ou de la civilisation en France au VIe siècle, par L.-B. des Francs. *Chambéry, Puthod*, 1861, in-8, demi-chag. rouge.

811. Pièces historiques relatives à la chastellenie de Chenonceau sous Louis XII, François Ier, Henry II. — Lettres et devis de Philibert de l'Orme et autres pièces relatives à la construction, publiées par l'abbé C. Chevalier. *Paris, Téchener*, 1864, 2 vol. in-8, pap. vergé, broch.

812. Le château de Chenonceau, ouvrage pittoresque, architectural et romantique, dessiné et lithog., par G. Malsé, architecte. 16 pl. et couvert., demi-rel. dos et coins mar. bl., n. rog.

813. Diane de Poitiers au conseil du roi, épisode de l'histoire de Chenonceau sous François Ier et Henry II, publié par M. l'abbé Chevalier. *Paris, Aubry*, 1866, in-8, pap. vergé, broch.

814. Debtes et créanciers de la royne mère Catherine de Médicis, 1589-1606, documents publiés par M. l'abbé Chevalier. *Paris, Téchener*, 1862, in-8, pap. vergé, broch.

815. Les triomphes faictz à l'entrée de Françoys II et de Marye Stuart au chasteau de Chenonceau le dymanche, dernier jour de mars 1559 (publiée par le prince Galitzin). *Paris, Téchener*, 1857, gr. in-8, pap. vergé, demi-mar. rouge, n. rog.

816. Inventaire des meubles, bijoux et livres estant à Chenonceau le 8 janvier 1603, précédé d'une histoire sommaire de la vie de Louise de Lorraine, reine de France, et d'une notice sur le château de Chenonceau, par le prince Augustin Galitzin. *Paris, Téchener*, 1856, gr. in-8, demi-rel. dos et coins mar. La Vall., dor. en tête, n. rog.

On y a joint une lettre autographe de l'auteur.

817. Chroniques d'Anjou, publiées par P. Marchegay et A. Salmon. Tome Ier, *Paris, Renouard*, 1856, in-8, broch.

818. Recherches historiques sur l'Anjou, par Bodin, député de Maine-et-Loire. *Saumur, Degouy*, 1821, 2 vol. in-8, fig., demi-rel. v. b., n. rog.

819. Recherches historiques sur la ville de Saumur, ses monuments et ceux de son arrondissement, par Bodin, receveur particulier. *Saumur, Degouy*, 1812, 2 vol. in-8, fig., demi-rel. v. bl., n. rog.

Hommage de l'auteur à M. Dacier, de l'Institut impérial.

820. Les histoires des anciens comtes d'Anjou et de la construction d'Amboise avec des remarques sur chaque ouvrage, par Michel de Marolles. *Paris, J. Langlois*, 1681, in-4, portrait de Michel de Marolles, gravé par Nanteuil, v. b.

Avec deux notes manuscrites : l'une de M. Dacier, d'où provient l'exemplaire, l'autre de M. de La Saussaye.

821. Mémoires sur les antiquités du Poitou, par Siauve. *Paris, Garnery. Poitiers, Catineau*, 1804, in-8, demi-v. f., n. rog.

822. Histoire de la cathédrale de Poitiers, par M. l'abbé Auber. *Poitiers*, 1849, 2 vol. in-8, planches, demi-rel. chag. rouge.
Envoi autographe de l'auteur.

823. Histoire de l'abbaye de Maillezais, par l'abbé Lacurie. *Fontenay-le-Comte, E. Fillon*, 1852, in-8, demi-chag.

Bretagne.

824. Recherches historiques sur la Bretagne, par Maudet de Penhouet, 1re partie (seule publiée). *Nantes*, 1814, *19e du règne de Louis XVIII*, in-4, planches, demi-rel. v. ant.

825. Histoire archéologique de l'époque gallo-romaine de la ville de Rennes, précédée de recherches sur les monnaies et les antiquités trouvées dans les fouilles de la Vilaine, 1841-46, et orné de 3 cartes et 20 planches lithog., par A. Toulmouche. *Rennes, imp. Jansions*, 1846, in-4, demi-rel. v. ant.

826. Broceliande. Ses chevaliers et quelques légendes. Recherches publiées par l'auteur de plusieurs opuscules bretons. *Rennes* (*Vatar*), 1839, in-8, pap. vergé, demi-rel. v.

827. Études sur la révolution en Bretagne, par Geslin de Bourgogne et A. de Barthélemy. *Saint-Brieuc, Guyon frères*, 1858, gr. in-8, demi-rel. dos et coins chag. bleu, tr. peign.

828. Voyage à Clisson, par M. Ed. Richer, 4e édition. *Nantes, Mellinet*, pet. in-12, demi-v.

829. Histoire des peuples bretons, par Aurélien de Courson. *Paris, Furne, Bourdin*, 1846, 2 vol. gr. in-8, demi-rel. dos et coins chag. La Vall., tr. peignes.

830. Récit de la mort d'Anne de Bretagne, par son hérault d'armes Berry dit Bretaigne, in-fol., caract. goth., demi-rel. chag. bleu, fig.
Publication faite par les soins du comte A. de Clermont-Tonnerre, avec une note autographe de sa main.

831. Antiquités égyptiennes du Morbihan (par de Penhoüet). *Vannes, imp. veuve Mahé-Bizette*, 1812, in-fol., pl., demi-veau.

832. Essai sur les antiquités du Morbihan, par Mahé. *Vannes, Galles*, 1825, in-8, demi-v. fauve.

Nivernais. — Bourbonnais. — Berry.

833. Armorial de l'ancien duché de Nivernais, par George de Soultrait. *Paris, V. Didron*, 1847, gr. in-8, planches de blason, demi-mar., n. rog.

L'un des 10 exemplaires sur papier vélin (nº 37), avec un envoi et une lettre autographe de l'auteur.

834. Statistique monumentale de la Nièvre, par G. de Soultrait, t. Ier, arrondissement de Nevers. *Nevers, Bégat*, 1852, in-12, demi-rel. m. rouge, tête dor., n. rog.

Tiré à 80 exemplaires; l'un des 20 sur papier de Hollande, avec une lettre autographe de l'auteur.

835. Armorial du Bourbonnais, par le comte George de Soultrait. *Moulins, imp. P.-A. Desrosiers et fils*, 1857, gr. in-8, planches de blasons, demi-rel. cuir de Russie. n. rog.

Exemplaire sur papier vergé, avec un envoi autographe de l'auteur.

836. Histoire de Berry contenant l'origine, antiquité, prouesses, privilèges et libertés des berruyers avec particuliers, description dudit païs. Le tout recueilly par Jean Chaumeau, seigneur de Lassay, advocat au présidial de Bourges. *Lyon, par Antoine Griphius*, 1566, in-fol., front., vues et blasons grav. sur bois, bas.

837. Histoire de Berry, par Gaspard Thaumas de la Thaumassière. *Imprimé à Bourges et se vend à Paris, chez J. Morel*, 1689, in-fol., v. b.

838. Nouvelle histoire du Berry, par M. Pallet, avocat au Parlement. *Bourges*, 1783, 4 vol. in-8, cart., n. rog.

839. Histoire du Berry, par M. Louis Raynal. *Bourges, Vermeil*, 1845, 4 vol. in-8, fig., demi-rel. v.

840. Histoire de l'origine, progrez, décadence et rétablissement de l'abbaie royale Notre-Dame de Celle en Berry, divisée en 5 parties, contenant ce qui s'est passé de plus remarquable depuis sa fondation faite l'an DXXXI jusqu'en l'an MDCIXII, justifiée par chartes, mémoires et tiltres authentiques, par le R. P. D. Pierre de Sainte-Catherine, ancien abbé de la susditte abbaie de Celle, 3 tomes en 2 vol. in-4, cart.

Copie manuscrite moderne sur papier, composé de cinq parties formant ensemble 810 pages; en tête sont dessinées les armoiries de l'abbaye.

841. Pieuses légendes du Berry, par Just Veillat. *Châteauroux, Migné*, 1864, gr. in-8, demi-chag. n.

842. L'office de saint Eusice, abbé et patron de Celles en Berry et des saints Séverin, Léonard et Vulfin, confesseurs. Ensemble les vêpres des dimanches et fêtes de l'année. *A Rouen, Bonaventure Le Brun*, 1707, in-18, bas.

Bourgogne. — Franche-Comté.

842 *bis*. Le Mâconnais préhistorique, par Arcelin, 1870, in-4, avec planche dans un carton.

Mélange de pages imprimées et manuscrites, probablement préparé pour une nouvelle édition.

843. Autun archéologique, par les secrétaires de la Société eduenne. *Autun, M. Dejussieu*, 1848, gr. in-8, fig., demi-rel. dos et coins mar. La Vall., tête dor., n. rog.

844. Histoire de l'antique cité d'Autun, par Edme Thomas, official, grand-chantre de la cathédrale de cette ville. *Autun, F. Dejussieu*, 1846, in-4, fig. sur bois dans le texte, demi-rel. dos et coins mar. La Vall., dor. en tête, n. rog.

845. Essai historique sur l'abbaye de Saint-Martin d'Autun de de l'ordre de Saint-Benoît, par Gabriel Bulliot. *Autun, imp. M. Dejussieu*, 1849, 2 vol. in-8, fig., demi-rel. dos et coins mar. La Vall., tr. supér. dor., n. rog.

846. Étude historique et critique sur la mission, les actes et le culte de saint Bénigne, apôtre de la Bourgogne, et sur l'origine des églises de Dijon, d'Autun et de Langres, par l'abbé Bougaud. *Autun, M. Dejussieu*, 1859, in-8, demi-rel. dos et coins mar. La Vall., tête dor., n. rog.

847. Cartulaire de l'église d'Autun, publié par A. de Charmasse. *Autun, M. Dejussieu*, 1865, in-4, demi-rel. dos et coins mar. La Vall., dor. en tête, n. rog.

848. Traduction des discours d'Eumène, par M. l'abbé Landriot et M. l'abbé Rochet. *Autun, M. Dejussieu*, 1854, in-8, demi-rel. dos et coins mar. La Vall., tête dor., n. rog.

849. Cartulaire de Saint-Vincent de Mâcon, connu sous le nom de livre enchaîné, publié par M. C. Ragut. *Mâcon, imp. E. Protat*, 1864, in-4, demi-rel. dos et coins chag. rouge, tr. peignes.

850. Histoire de Sennecy et de ses seigneuries, par Léopold Niepce. *Châlon-sur-Saône*, 1866, gr. in-8, planches, broch.

851. Essai sur le système défensif des romains dans le pays éduen, par Bulliot. *Autun*, 1856, in-8, plans, demi-rel. dos et coins m. rouge, tr. peigne.

851 *bis*. Histoire du parlement de Bourgogne de 1733 à 1790, par A.-S. des Marches. *Châlon-sur-Saône, J. Dejussieu*, 1851, in-fol., blason grav. dans le texte, mar. vert.

Tiré à 250 exemplaires, nº 47.

852. Quatre lettres inédites de Madame de Maintenon avec un précis historique, par Victor Fouque. *Châlon-sur-Saône, Mulcey*, 1864, in-8, pap., rel. broch.

Lyonnais. — Beaujolais. — Bresse. — Forez.

853. Description des pays des Ségusiaves pour servir d'introduction à l'histoire du Lyonnais, par Aug. Bernard. *Lyon, A. Brun*, 1858, in-8, pl., demi-rel. chag.

854. Histoire de la ville de Lyon, revue et augmentée par J.-B. Monfalcon. *Lyon, imp. Louis Perrin*, 1851, 2 vol. in-8, demi-rel. chag. tr. dor.

Édition tirée à 75 exemplaires, avec un envoi autographe de l'auteur.

855. Histoire monumentale de la ville de Lyon, par J.-B. Monfalcon. *Paris, typ. de Firmin Didot*, 1866, 8 vol. gr. in-4, port. et fig., pap. vélin, broch.

Exemplaire avec une longue note autographe d'envoi de l'auteur à M. de La Saussaye.

856. Lyon antique restauré d'après les recherches et documents de F.-M. Artaud, par A.-M. Chenavard, architecte. *Lyon, imp. Léon Boitel*, 1850, in-fol., pl., cart. n. rog.

Envoi autographe.

857. Plan topograpbique de la ville de Lyon et de ses environs, en 6 feuilles, échelle de 1 à 5,000, levé et dressé sous l'administration de M. Vaïsse, sous la direction de M. Bonnet, par MM. de Dignoscyo père et fils. 1863, en 1 vol. in-fol. max., cart. percal.

858. Monographie de l'hôtel de ville de Lyon restauré sous l'administration de M. Vaïsse, sénateur, par M. Tony Desjardins. *Paris, Morel*, 1863-68, in-fol., pl. en liv.

859. L'accueil de Madame de la Guiche à Lyon le lundy 27 d'avril 1598. Publié jouxte la copie, imprimée à Lyon, la même année, par P. Allut. *Lyon, Scheuring* (*imp.* L. *Perrin*), 1851, in-8, demi-rel. dos et coins mar., n. rog.

Tiré à 100 exemplaires, avec lettre autographe de l'auteur.

Dans le même volume : Aloysia Sygea et Nicolas Chorier par M. P. Allut. *Lyon, Scheuring*, 1862 (tiré à 112 exemplaires). — Recueil des Chevauchées de l'Asne faites à Lyon en 1566 et 1578. 1862 (tiré à 200 exemplaires).

860. Album de l'exposition de la société des amis des arts de Lyon, année 1872. Photographié par A. Fatalot, in-fol. en cart.

861. Archives du Muséum d'histoire naturelle de Lyon. *Lyon, H. Georg*, 1872-73, 2 liv. in-fol.

Envoi autographe des auteurs Lortet, Locard, Chantre.

862. Mélanges historiques sur Lyon, par Paul Saint-Olive. *Lyon, imp. Vingtrinier*, 1864, in-8, pl., demi-rel. chag. rouge.

Envoi autographe de l'auteur.

863. Mélanges historiques et littéraires, par Paul Saint-Olive. *Lyon, Vingtrinier*, 1868, in-8, demi-rel. v. f.

864. Saint Pothin et ses compagnons martyrs, origine de l'église de Lyon, par le P. André Gouilloud. *Lyon*, 1868, in-8 broch.

Envoi d'auteur.

865. Hygiène de Lyon par le docteur Rougier et le docteur Glénard. *Lyon*, 1860, in-8, demi-rel.

866. Histoire administrative de l'œuvre des enfants trouvés, abandonnés ou orphelins de Lyon, par Fayard. *Paris*, 1859, in-8, demi-rel.

867. Histoire littéraire de la ville de Lyon, avec une bibliothèque des auteurs lyonnais sacrés et profanes distribués par siècles, par le P. de Colonia de la Compagnie de Jésus. *Lyon, F. Rigollet*, 1728, 2 vol. in-4, gr. pap., demi-rel. dos et coins m. rouge, fig., n. rog.

868. Assistance donnée à la multitude des pauvres inconnus, à Lyon en 1531, avec leurs actions de grâces, par Jean de Vauzelles, nouvelle édition, avec introduction, notes et glossaire, par H. Baudrier. *Lyon, L. Perrin et Marinet*, 1875, in-8, pap. teinté.

Envoi autographe de l'auteur.

869. Le nouveau Spon ou manuel du bibliophile et de l'archéologue lyonnais. *Lyon, A. Vingtrinier*, 1856, in-8 cart. percal, tr. dor.

Hommage de M. Monfalcon.

870. La fabrique lyonnaise de soieries, son passé, son présent et son avenir. *Lyon, L Perrin*, 1873, br., in-4.

871. Monographie de la table de Claude, par J.-B. Monfalcon, publié au nom de la ville de Lyon. *Paris, V. Didron*, 1853, in-fol., pl., cart.

On y a joint une lettre autographe de l'auteur.

872. Les origines des familles consulaires de la ville de Lyon depuis l'établissement de la commune jusqu'en 1790, notes rédigées sur les documents originaux par Vital de Valous. *Lyon, A. Brun*, 1863, in-8, veau plein antique, fil., dent. int., tr. dor.

Armoiries de La Saussaye sur les plats.

873. Le livre d'or du Lyonnais, du Forez et du Beaujolais (par Monfalcon). *Lyon*, 1867, in-8, blason en couleur et noir, demi-chag. rouge.

Avec une lettre autographe de l'auteur.

873 *bis*. Catalogue des Lyonnais dignes de mémoire, rédigé par MM. Breghot du Lut et Pericaud aîné. *Lyon*, 1839, gr. in-8, demi-rel.

874. Étude biographique et bibliographique sur Symphorien Champier, par P. Allut. *Lyon, Scheuring*, 1859, in-8, pap. teinté, port. et fig., cart., n. rog.

875. Galerie de portraits foresiens : biographie, armes, devises par Joseph Delaroa. *Saint-Étienne, Chevalier*, 1869, in-8, pap. teinté, broch.

876. Mémoires pour servir à l'histoire de l'abbaye royale de Saint-André-le-Haut de Vienne, par Claude Charvet, archidiacre de la Tour, publiés sur le manuscrit de l'auteur par P. Allut. *Lyon, Scheuring*, 1868, pet. in-8, pap. teinté, fig. sur bois dans le texte, broch.

877. Ainay, son autel, son amphithéâtre, ses martyrs, par A. de Boissieu. *Lyon, Scheuring*, 1864, in-8, pl., cart., n. rog.

878. Voyage pittoresque à la Grande-Chartreuse, suivi de quelques vues prises dans les environs de ce monastère, par C. Bourgeois. *Paris, Delpech, s. d.*, in-fol., planches lith., cart.

879. De Lyon à Seyssel, guide des voyageurs en chemin de fer, promenade dans l'Ain par un Dauphinois (de Quinsonas). *Lyon, imp. L. Perrin*, 1858, fort. vol. in-8, pl. et fig., demi-rel. chag.

Envoi autographe de l'auteur.

880. Antiquités générales de l'Ain, par Alex. Siraud. *Bourg-en-Bresse, imp. Milliet-Bottier*, 1855, in-8, demi-rel.

Envoi autographe de l'auteur.

881. Topographie historique du département de l'Ain, par Guigne. *Bourg-en-Bresse, Gromier*, 1873, in-4 broch.

882. Les fiefs du Forez d'après le manuscrit inédit de M. Sonyer du Lac, premier avocat du roy au siège de Montbrison en

1788, avec des notes par M. d'Assier de Valenches. *Lyon, imp. Louis Perrin*, 1868, in-4 pap. teinté, cart., n. rog.

Tiré à 125 exemplaires. Lettre autographe et envoi d'auteur à M. de La Saussaye.

883. Recherches concernant principalement l'ordre de la noblesse sur l'assemblée bailliagère de Forez convoquée à Montbrison en mars 1789 pour l'élection aux États-Généraux, par l'éditeur des fiefs du Forez (d'Assier de Valenche). *Lyon, imp. de Louis Perrin*, 1860, in-4, pap. teinté.

Tiré à 125 exemplaires, avec un envoi autographe de l'auteur.

884. Trésor de la chapelle des ducs de Savoie aux XVe et XVIe siècles. Étude historique et archéologique par A. Fabre. *Vienne, Savigné*, 1868, in-4, pap. teinté, demi-rel. chag. rouge, tête dor., n. rog.

Envoi autographe de l'auteur.

Normandie.

885. Répertoire archéologique du département de la Seine-Inférieure, par l'abbé Cochet. *Paris, Imp. Nationale*, 1872, in-4, broch.

886. Études sur la condition de la classe agricole et l'état de l'agriculture en Normandie au moyen âge, par Léopold Delisle. *Evreux, Imp. A. Herissey*, 1851, in-8, demi-rel. v. f.

887. La Normandie souterraine ou notice sur des cimetières romains et des cimetières francs explorés en Normandie, par M. l'abbé Cochet. *Rouen, Lebrument*, 1854, gr. in-8, planches, demi-rel. mar. rouge.

Avec un envoi autographe et une lettre autographe de l'auteur.

888. Tombeaux de la cathédrale de Rouen, par A. Deville. *Rouen, N. Périaux*, 1833, in-8, fig., rel. pleine en chag. vert, filets à froid sur les plats, tr. dor.

889. Histoire des pays et comté du Perche et duché d'Alençon, par M. Gilles Bry, sieur de la Clergerie. *Paris, Pierre-le-Mur*, 1620, in-4, v. m.

Piqûres de vers.

890. Mémoire sur les ruines du vieil Évreux (Eure), par F. Rever. *Evreux*, 1827, in-8, demi-v. f.

891. Recherches historiques sur l'abbaye du Breuil-Benoît au diocèse d'Évreux. *Paris, F. Didot*, 1847, gr. in-8, demi-rel. dos et coins mar. vert, dor. en tête, n. rog.

892. Comptes de dépenses de la construction du château de Gaillon. Plans et dessins exécutés sons la direction de A. Deville. Atlas. *Paris, Imp. Nationale*, 1851, 16 pl. grav. et lith., in-fol. m., n. rel.

893. Histoire du château et des sires de Tancarville, par A. Deville. *Rouen, N. Périaux*, 1824, in-8, fig., v. bl., n. rog.

894. Notes d'un voyage dans l'Ouest de la France, par Prosper Mérimée. *Paris, Fournier*, 1836, in-8, demi-rel. v. f.

895. Histoire du mont Saint-Michel et de l'ancien diocèse d'Avranches, par l'abbé Desroches. *Caen*, 1838, 2 vol. in-8, planches gravées, demi-rel. veau rouge.

Avec une lettre autographe de l'auteur.

896. Statistique monumentale du Calvados, par M. de Caumont, tome Ier. *Paris*, 1846, in-8, broch.

Envoi autographe.

Provinces diverses.

897. Expeditio Rupellana, auspiciis et armis Ludovici justi Regis christianissimi et invectissimi confecta. Authore Aelio Sammarthano Scævolæ filio. *Parisiis, Franc. Pomeray et J. Villeri*, 1629, pet. in-8, mar. rouge, plats et dos semés de fleurs de lys, tr. dor. (*anc. rel.*)

Bel exemplaire portant la signature de P. de Mouchy. 1686.

898. Le trésor des pièces Angoumoisines inédites ou rares, publiées sous les auspices de la Société archéologique de la Charente. *Paris, A. Aubry*, 1863-67, 2 vol. in-8, pap. vergé, broch.

899. Documents historiques sur l'Angoumois, publiés par les soins de la Société archéologique et historique de la Charente. *Paris*, 1864, tome Ier en 2 parties, in-8, broch.

900. Essai sur les églises romanes et romano-byzantines du département du Puy-de-Dôme, par M. Mallay, architecte. *Moulins, Imp. P.-A. Desrosiers*, 1838-1841, in-fol., pl. en noir et en coul., rel. pleine en chag. vert, plats et dos ornés, fil. int., tr. dor.

Bel exemplaire auquel on a ajouté une lettre autographe de l'auteur.

901. Notes d'un voyage en Auvergne, par Prosper Mérimée. *Paris, H. Fournier*, 1838, in-8, demi-rel. v. v.

902. Cartulaire de l'abbaye de Beaulieu (en Limousin), publié par Maximin Deloche. *Paris, Imp. Impériale*, 1859, in-4, mar. vert, fil. comp., tr. dor.

Envoi autographe de l'auteur.

903. Notice d'un manuscrit de la bibliothèque de Wolfenbüttel, intitulé : *Recogniciones feodorum* et où se trouvent des renseignements sur l'état des villes, des personnes et des propriétés en Guyenne et en Gascogne au XIIIe siècle, par MM. Martial et Jules Delpit. *Paris, Imp. Royale*, 1841, in-4, demi-rel. v. f., n. rog.

Envoi autographe des auteurs.

904. Histoire du commerce et de la navigation à Bordeaux, principalement sous l'administration anglaise, par Francisque Michel, tome Ier. *Bordeaux, imp. Delmas*, 1867, in-8, broch.

905. Histoire religieuse de la Bigorre, par Bascle de Lagrèze. — Histoire du château de Pau. *Paris, Hachette*, 1863, pet. in-8, demi-chag.

906. Voyage dans les départements du midi de la France, par Aubin-Louis Millin. *Paris, de l'Imprimerie Impériale*, 1807, 5 vol. et atlas in-4, pl., demi-rel. v. f., n. rog. (*Bibolet.*)

907. Notes d'un voyage dans le midi de la France, par Prosper Mérimée. *Paris, Fournier*, 1835, in-8, demi-rel. v. v.

Avec une note manuscrite de quatre lignes, de l'auteur, ajoutée.

908. Essai sur l'histoire municipale de la ville de Sisteron, par E. de Laplane. *Paris, Paulin*, 1840, gr. in-8, planches, demi-rel. v. bl., n. rog.

Lettre et envoi autographes de l'auteur.

909. Antiquités et monuments du département de Vaucluse, par M. de Fortia d'Urban. *Avignon, Seguin*, 1808, 2 part. en 1 vol. in-12, fig., demi-v. f.

910. La Corse, sa colonisation et son rôle dans la Méditerranée, par Conte-Grandchamps. *Paris, Hachette*, 1859, gr. in-8, demi-rel. chag.

Avec une lettre autographe de l'auteur.

911. Notes d'un voyage en Corse, par M. Prosper Mérimée. *Paris, Fournier jeune*, 1840, in-8, demi-rel. v.

Envoi autographe de l'auteur.

912. Monographie de l'église de Notre-Dame de Noyon, par L. Vitet, membre de l'Institut. Plans, coupes, élévation et détails, par Daniel Ramée. *Paris, Imp. Royale*, 1845, in-4 et atlas in-fol. max., demi-rel. dos et coins mar. rouge, tr. peign.

913. Lettres sur le département de la Somme, par H. Dusevel, 3e édit. *Amiens*, 1840, in-8, demi-rel. v.

914. Histoire de Saint-Martin-du-Tilleul, par un habitant de cette commune (Auguste Le Prévost). *Paris, imp. de Crapelet*, 1848, gr. in-8, pl., demi-rel. dos et coins mar. La Vall., tr. sup. dor., n. rog.

Lettre autographe de l'auteur.

915. Relation du siège de Metz en 1444 par Charles VII et René d'Anjou, publiée sur les documents originaux, par MM. de Saulcy et Huguenin aîné. *Metz, Troubat*, 1835, gr. in-8, pap. vergé, demi-rel. v. bl., dor. en tête, n. rog.

Envoi autographe de l'auteur.

916. Quelques feuillets d'une chronique messine. *Metz, Verronnais* (1837), in-8, demi-chag. bleu.

916 *bis*. Archéologie de la Lorraine ou recueil de notices et documens pour servir à l'histoire des antiquités de cette province, par L. Beaulieu. *Paris*, 1840-43, 2 t. en 1 vol. in-8, pl., demi-v. bl.

Lettre autographe et envoi d'auteur.

917. Description de la cathédrale de Strasbourg (par F. Miler). *Strasbourg*, 1817, pet. in-8, pap. vélin, mar. rouge, fil., dent., tr. dor.

918. Sigillographie de Toul, par Charles Robert. *Paris, Rollin*, 1868, in-4, pl., broch.

Envoi autographe.

919. Chronique de Guines et d'Ardre, par Lambert, curé d'Ardre (918-1203), revue sur 8 manuscrits par le marquis de Godefroy-Menilglaise. *Paris, J. Renouard*, 1855, texte latin-français, in-8, pl., demi-chag.

920. Recherches sur l'église métropolitaine de Cambray, par A. Le Glay. *Paris, Didot*, 1825, in-4, pl., demi-v. bl.

921. La Croix pèlerine, notice sur un monument des environs de Saint-Omer, par M. Quenson. *Douai, Wagrez*, 1835, in-8, mar. rouge. fil. sur les plats, dent. int., tr. dor.

Tiré à 25 exemplaires sur papier rose. Envoi autographe de l'auteur.

922. Recherches historiques sur Hénin-Liétard, par Dancoisne. *Douai, Obez*, 1847. in-8, pl., demi-v. f.

Envoi autographe de l'auteur.

923. Pierres d'Acques ou notice historique sur quelques anciens monumens dans les environs d'Arras, avec dessin lithographié, par M. Quenson. *Douai, Wagrez*, 1830, in-4, demi-mar. rouge.

924. Essai sur les chartes confirmatives des institutions communales de la ville de Saint-Omer, accordées par les comtes de Flandre, successeurs de Robert-le-Frison (1127-1198), par L. de Givenchy. *S. l. n. d.*, in-8, planches, demi-m. bl., n. rog.

Envoi autographe de l'auteur.

925. Recueil d'actes des XIIe et XIIIe siècles en langue romane wallonne du nord de la France, publié par Tailliard. *Douai, Adam d'Aubers*, 1849, in-8, demi-v. f.

Chevalerie. — Noblesse. — Blason.

926. Le théâtre d'honneur et de chevalerie, ou l'histoire des ordres militaires, des roys, princes, de l'institution des armes. blasons, joustes, tournois, etc., par André Favyn. *Paris, Robert Foüet*, 1620, 2 vol. in-4, fig. grav.

927. Le vray théâtre d'honneur et de chevalerie, ou le miroir héroïque de la noblesse, par Marc de Vulson, sieur de la Colombière. *Paris, Augustin Courbé*, 1648, in-fol., front. et pl. grav., vél. de Holl. estamp.

Bel exemplaire.

928. La science héroïque traitant de la noblesse de l'origine des armes, de leurs blason, etc., par Marc de Vulson, sieur de la Colombière. *Paris, Seb. Cramoisy*, 1644, in-fol., blasons coloriés et fr. gravé., v. j., fil.

929. Origines des chevaliers, armoiries et héraux, ensemble l'ordonnance, armes et instruments desquels les François ont anciennement usé en leurs guerres, recueillies par Claude Fauchet, seconde édition. — Origines des dignités et magistrats de France. *Paris, Adrian Périer*, 1606, 2 part. en 1 vol. in-8, mar. rouge, fil., dent. intér., tr. dor. (*Petit.*)

930. Traité de la noblesse et de toutes ses différences espèces, édit. augmentée des traités du blason, de l'origine des noms, surnoms et du ban et arrière-ban, par M. de la Roque. *Rouen, Pierre le Boucher*, 1735, in-4, v. j.

931. Essais sur la noblesse de France, par M. le comte de Boullainvilliers. *Amsterdam*, 1732, in-12, v. f., dos orné, plats fil. et orn. en or, dent. intér., tr. dor. (*Simier.*)

932. Le blason de France, ou notes curieuses sur l'édit concernant la police des armoiries (par Cadot). *Paris, C. de Sercy*, 1697, in-8, fig. grav., v. b.

933. Développement et défense du système de la noblesse commerçante, par l'abbé Coyer. *Paris, Duchesne*, 1757, 2 part. en 1 vol., v. m., fil.

934. La noblesse considérée sous ses divers rapports, dans les assemblées générales et particulières de la nation ou représentation de États-Généraux et Assemblées des notables pour et contre les nobles, par Chérin. *Paris, Royez*, 1788, in-8, demi-rel. bas.

935. De l'aristocratie au XIXe siècle, par Anatole de Barthélémy. *Paris*, 1853-59, en 1 vol. in-12, fig., demi-chag.

936. De la noblesse dans ses rapports avec nos mœurs et nos institutions, par Ch. de Tourtoulon. — L'art de composer les livrées au milieu du XIXe siècle, par M. de Saint-Épain.

937. Origine de la noblesse française, par le vicomte d'*** (d'Alès du Corbet). *Paris, G Desprez*, 1766, in-12, v. m.

938. La noblesse en France avant et depuis 1789, par Édouard de Barthélémy. *Paris*, 1858, in-12, demi-rel. dos et coins v. f., tête dor., n. rog. (*Petit.*)

939. Nobiliana. Curiosités nobiliaires, par Chassant. *Paris, Aubry*, 1858, pet. in-8, pap. vergé, cart. n. rog.

940. Les nobles et les vilains du temps passé, ou recherches critiques sur la noblesse et les usurpations nobiliaires, par A. Chassant. *Paris, Aubry*, 1857, pet. in-8, pap. verg., cart. n. rog.

941. Le roy-d'armes. Jurisprudence nobiliaire, par le marquis de Magny (Claude Drigon). *Florence*, 1867, in-4 broch.

942. De la noblesse et de l'application de la loi contre les usurpations nobiliaires, par M. Pol de Courcy. *Paris, Aubry*, 1859, in-12, demi-rel. dos et coins mar. rouge, tête dor. n. rog. (*Petit.*)

943. Armorial général de la France, par d'Hozier. *Paris, typ. Firmin Didot*, 1865-1873, 25 livrais. in-4, blasons gravés, dont 10 vol., demi-rel. mar. rouge, tr. jasp., les 3 dernières livr. broch.

944. Histoire généalogique et chronologique de la maison royale de France, des pairs, grands officiers de la couronne et de la maison du Roy....., par le P. Anselme; 4e édit. revue par M. Potier de Courcy, t. IV. *Paris, F. Didot*, 1868-70, 3 par., in-4 broch.

945. Les armoiries des connestables, grands-maistres, chanceliers, admiraux, mareschaux de France et prevosts de Paris, depuis leur premier établissement jusqu'à Louis XIII, œuvre mise en lumière par Jean le Feron, reveu et corrigé par Claude Morel, imprimeur du roy. *Paris, Charles fils de Claude Morel*, 1628, in-fol., 482 armoiries coloriées, veau jasp.

946. Histoire des chanceliers et gardes-des-sceaux de France, distingués par les règnes de nos monarques, depuis Clovis, jusques à Louis le Grand, XIVe du nom, enrichie de leurs armes, blasons et généalogies, par François du Chesne. *Paris*, 1680, in-fol., v. j.

947. Le blason de la noblesse, ou les preuves de noblesse de toutes les nations de l'Europe, par le R. P. François Ménes-

trier de la Cie de Jésus. *Paris, Robert J.-B. de la Caille*, 1683, pet. in-12, mar. rouge, fil. comp., dos orné., tr. dor. (*Simier.*)

948. De la vertu de la noblesse aux roys, princes et gentilshommes très-chrestiens, par Jehan de Caumont Champenois. *Paris, Jean Charron*, 1586, pet. in-8, demi-rel. dos et coins mar. vert olive, fil. (*Petit.*)

949. Annuaire historique, généalogique et héraldique de l'ancienne noblesse de France, par M. de Saint-Allais. 1re année. *Paris*, 1835, in-8 cart., n. rog.

950. Annuaire de la pairie et de la noblesse de France, publié sous la direction de M. Borel d'Hauterive. *Paris, au bureau de la Revue historique de la noblesse*, 1843-77, 33 vol. in-12, blasons coloriés, rel. dos percal., tr. jasp.

951. La noblesse du Périgord en 1789, par A. Matagrin. *Périgueux, Boucharie*, 1857, in-8, demi-rel. chag.

952. Histoire de la maison de Chastillon-sur-Marne, contenant les actions les plus mémorables des comtes de Blois et de Chartres, par André du Chesne, Tourangeau. *Paris, Sébastien Cramoisy*, 1621, in-fol., front. grav. et fig. dans le texte veau f.

953. Histoire et généalogie des quatre branches de la famille Bonaparte, depuis 1813 jusqu'an 1855, par A.-P.-M. (Perrault-Maynand). *Paris*, 1855, in-8, demi-chag. rouge.

954. Notice historique et généalogique sur la famille de Bourgoing, en Nivernais et à Paris, (par le comte George de Soultrait). *Lyon, imp. de Louis Perrin*, 1855, in-8, blasons grav. sur bois dans le texte, papier teinté, cart.

Tiré à 105 exemplaires. Envoi autographe de l'auteur.

955. Les généalogies du sieur Guillard, suivies des examen et réfutation, par le marquis D*** (Du Prat). *Paris*, 1861, in-8.

Envoi autographe de l'auteur.

956. Glanes et regains, récoltés dans les archives de la maison du Prat, recueillis et réunis par le marquis du Prat. *Versailles, Beau*, 1865, in-8, demi-chag.

957. Notice historique, biographique et généalogique de la famille Brunier, par M. J. de Pétigny, membre de l'Institut de France. *Rouen, imp. H. Boissel*, 1869, in-8, pap. vergé, pl. de blasons en coul., broch.

Envoi autographe.

958. Généalogie de la famille Le Normant. *Orléans, imp. d'A. Jacob*, 1853, pet. in-fol. avec tabl. généal., en carton.

959. La vraye et parfaite science des armoiries ou l'indice armorial de feu maistre Louvan Geliot, augmentée par Pierre Pail-

lot. *A Dijon, Pierre Paillot*, 1660, in-fol., blas. grav. dans le texte et front., rel. en vél.

Exemplaire du Chancelier Séguier provenant de la vente Kock.

960. Dictionnaire héraldique, par M. G.-D.-L. T*** (Gastelier de la Tour), écuyer, avec figures. *Paris, Humblot*, 1777, pet. in-8, demi-rel. dos et coins chagr. rouge, dor. en tête, n. rog.

961. Nouvelle méthode raisonnée du blason, ou l'art héraldique du P. Ménestrier, mise dans un meilleur ordre par M. L*** (Lemoine, archiviste du chapitre de Lyon). *Lyon, P. Bruyset*, 1780, in-8, front. et pl. grav., bas. j.

962. Traité historique et moral du blason, par Dupuy Demportes. *Paris, C.-A. Jombert*, 1754, 2 vol. in-12, v. m.

963. Cours abrégé de blason, suivi d'une notice sur les ordres de chevalerie, à l'usage de maisons d'éducation. *Paris*, 1840, in-12, pl., demi-rel. chag. rouge, n. rog.

964. Catalogue analytique des chartes, documents historiques, titres nobiliaires, etc., composant les archives du collège héraldique de France, 5e partie, Orléanais. *Paris, Téchener*, 1866, in-8, demi-rel. v. b.

965. Bibliothèque héraldique de la France, par Joannis Guigard. *Paris, Dentu*, 1861, in-8, demi-chag. rouge.

966. Almanach de Monsieur pour l'année 1782, *Paris, Imp. de Monsieur* in-8, v. m., fil. (*aux armes des comtes d'Artois*).

Archéologie.

967. Dictionnaire des antiquités romaines et grecques, par A. Riche, trad. de l'anglais sous la direction de M. Cheruel. *Paris, Didot*, 1861, in-8, cart. n. rog.

968. Nouveau manuel complet d'archéologie, traduit de l'allemand de O. Muller, par Nicard. *Paris, Rivet*, 1842, 3 vol. in-18 et atlas in-8, oblong, cart.

969. Cours d'archéologie, professé par M. Raoul-Rochette à la bibliothèque du roi. *Paris, E. Renduel*, 1828, in-8, demi-veau ant.

970. And archæological index to romains of antiquity of the celtic, romano-britisch, and anglo-saxon periods by J. Y. Akerman. *London, Russel Smith*, 1847, in-8, fig., cart., n. rog.

Hommage de l'auteur.

971. Etudes d'archéologie et d'histoire, par H. Fortoul. *Paris, F. Didot*, 1854, 2 tomes en 1 vol. in-8, rel. pl. en mar. rouge, fil., tr. dor.

972. Introduction à l'étude de l'archéologie des pierres gravées et des médailles, par A.-L. Millin, édition revue par de Roquefort, Dacier et Champollion-Figeac. *Paris, Giraud*, 1826, in-8, demi-rel. v.

973. Abécédaire ou rudiment d'archéologie, architecture civile et militaire, par M. de Caumont. *Paris*, 1858, in-8, fig., demi-rel.

Envoi autographe de l'auteur.

974. Caumont (de). Architecture civile et militaire. — Ère gallo-romaine. *Caen*, 1835, 2 vol. in-8, fig., demi-rel. v. vert.

975. Œuvres complètes de Bartolomeo Borghesi. Lettres. *Paris, Imp. Nationale*, 1872, tomes 2 et 3, in-4, broch.

976. Œuvres archéologiques et littéraires de A. J. B. d'Aigueperse. *Lyon, A. Brun*, 1862, 2 vol. in-8, port., demi-rel. dos et coins mar. rouge, tête dor., n. rog.

Envoi autographe de l'auteur.

977. Manuel général d'archéologie sacrée burgondo-lyonnaise, par le chevalier Joseph Bard. *Lyon, Guyot*, 1844, in-8, fig., demi-chag. n.

978. Beitrage zur geschishte und archaologie von Cherronesos in Taurien von d[r] B. Kohne. *Saint-Petersburg*, 1848, in-8, demi-chag.

Lettre autographe de l'auteur jointe au volume.

979. De l'esclavage dans les colonies, dans l'antiquité, par Wallon. *Paris, Dezobry et Imp. royale*, 1847, 3 vol. in-8, demi-rel. v. v.

980. De l'abolition de l'esclavage ancien en Occident, par Edouard Biot. *Paris, J. Renouard*, 1840, in-8, demi-v. ant.

981. La traite orientale, histoire des chasses à l'homme organisée en Afrique depuis 15 ans pour les marchés de l'Orient, par E.-F. Berlioux. *Paris, Guillaumin*, 1870, in 8, broch.

982. Dissertazione sopra una statua antica, simile al cosi detto Aristide di Napoli... da Luigi Vescovali. *Roma*, 1835, in-4, fig., demi-rel. dos et coins chag., n. rog.

983. Mémoire sur deux bas-reliefs mithriaques qui ont été découverts en Transylvanie, par M. Félix Lajard. *Paris, Imp. Royale*, 1840, in-4, pl. cart.

Envoi autographe.

984. Le palais impérial de Constantinople et ses abords, Sainte-Sophie, le forum Augustéon et l'hippodrome tels qu'ils existaient au Xe siècle, par Jules Labarte. *Paris, V. Didron*, 1861, in-4, pl., demi-rel. chag. br., n. rog.

985. L'Acropole d'Athènes, par E. Beulé. *Paris, F. Didot*, 1853, 2 tomes en 1 vol. in-8, planches, demi-rel. mar. rouge, tr. p.

Envoi autographe de l'auteur.

986. Description des antiquités et objets d'art qui composent le cabinet de M. le chevalier Durand, par J. de Witte. *Paris, Didot*, 1836, in-8, demi-rel. chag. rouge, dor. en tête, n. rog.

987. Description de la collection d'antiquités de M. le vicomte Beugnot, par J. de Witte. *Paris, F. Didot*, 1840, in-8, pl., demi-rel. chag. rouge, tête dor., n. rog.

988. Description des antiquités et objets d'art composant le cabinet de M. Louis Fould, par A. Chabouillet, conservateur du département des médailles de la Bibliothèque Impériale. *Paris, Claye*, 1861, in-fol., max., demi-rel. mar. La Vall., tête dor., n. rog.

Envoi autographe de l'auteur. Tiré à 300 exemplaires, n° 33 ; ce magnifique ouvrage contient 39 planches gravées.

989. Catalogue of the Museum of London, antiquities collected by C. Roach Smith. *S. l.*, 1854, in-8, fig., demi-rel. chag. rouge.

990. Notice sur les objets d'art de la galerie Campana à Rome, acquis pour le musée de l'Ermitage (par E. Guédéonow). *Paris, S. Raçon*, 1861, in-8, demi-rel. chag.

991. Musée du Louvre, Notice des monuments d'antiquités égyptiennes, par E. de Rougé. — Américaines, du Mexique et du Pérou, par A. de Longperrier. *Paris, Vinchon*, 1850, in-8, demi-v.

992. Mélanges égyptologiques, 2e série, par F. Chabas. *Châlon-sur-Saône, Dejussieu*, 1864, in-8 autographié, fig., demi-rel. chag. bleu.

Lettre autographe de l'auteur.

993. Études sur les vases peints, par J. de Witte, membre de l'Institut. *Paris*, 1865, gr. in-8, fig., demi-rel. dos et coins mar. La Vall., tête dor., n. rog.

994. Lettres assyriologiques. Études Accadiennes, par François Lenormant, seconde partie. *Paris, Maisonneuve*, 1873, in-4, autog., broch.

995. Antiquités gauloises et romaines, recueillies dans les jardins du palais du Sénat pendant les travaux exécutés de l'an IX à ce jour, pour servir à l'histoire des antiquités de Paris, par C. M. Grivaud, avec 26 planches, *Paris, F. Buisson*, 1807, in-4, pl., cart., n. rog.

996. Ensayo sobre los alphabetos de los letras desconocidas, que se encuentran en las mas antiguas medallas, y monumen-

tos de Espana, par don Luis Joseph Velazquez. *En Madrid*, 1752, in-4, planches de médailles et d'antiquités, demi-rel. v. rouge.

997. Description de quelques vases peints étrusques, italiotes, siciliens et grecs, par H. D. de Lignes, membre de l'Académie des inscriptions et belles-lettres. *Paris, F. Didot*, 1840, in-fol., planche, demi-rel. dos et coins chag. vert, n. rog.

998. Lettre à M. Guigniaut, sur le texte démotique du décret de Rosette, par M. de Saulcy, in-4, fig., demi-rel. dos et coins cuir de Russie, dor. en tête, n. rog.

Exemplaire avec un autographe de M. de Saulcy, 1 page in-folio représentant des caractères hiéroglyphiques.

999. De Saulcy. Recherches sur l'écriture cunéiforme assyrienne. — Inscriptions de Van et des Achéménides, 1848. — Recherches sur la chronologie des empires de Ninive, de Babylone et d'Ecbatane, 1850. — Réponse à un mémoire sur la mer Morte, par M. E. Quatremère, en 1 vol. in-4. demi-rel., dos et coins mar. rouge, tête dor., n. rog.

Envois autographes de l'auteur.

1000. Inscriptionum latinarum selectarum amplissima collectio ad illustrandam romanæ antiquitatis disciplinam accomodata ac magnarum collectionum supplementa, complura emendationesque exhibens cum ineditis C. Hagenbuchii, suisque annotat, edidit Orellius. *Turici, Orellii*, 1828, 2 tomes en un fort vol. in-8, demi-rel. v. f.

1001. Inscriptions chrétiennes de la Gaule antérieures au VIIIe siècle, réunies et annotées par Edmond Le Blant, tome Ier, provinces gallicanes. *Paris, Imp. Impériale*, 1856, in-4, pl., broch.

Envoi autographe de l'auteur.

1002. Inscriptions de la France du Ve au XVIIIe siècle, par F. de Guilhermy. Ancien diocèse de Paris, tome Ier. *Paris, Imp. Nationale*, 1873, in-4, pl., cart., n. rog.

1003. Mélanges d'épigraphie, par Léon Renier. *Paris, Didot*, 1854, in-8, demi-rel. dos et coins mar. vert, tr. peig.

Envoi d'auteur.

1004. Notice sur les monuments épigraphiques de Bavai et du musée de Douai. Inscriptions, cachets d'oculistes, empreintes de potiers, voies romaines, par Ernest Desjardin. *Douai*, 1873, in-8, fig., pap. vergé, broch.

Envoi autographe de l'auteur.

1005. Breal. Tables Eugubines. *Paris, Franck*, 1875, in-8, broch.

Numismatique.

1006. Gulielmi Budæi parisiensis, de Asse et partibus ejus, libri quinque. *Parisiis, imprimebat Michael Vasconsanus*, 1541, in-fol., bas. j.

1007. Métrologie ou traité des mesures, poids et monnoies des anciens peuples et des modernes (par Paucton). *Paris, veuve Desaint*, 1780, in-4, v. rac., dent.

1008. Traité des monnoyes, de leurs circonstances et dépendances, par J. Boizard. *Paris, Le Clerc*, 1696, in-12, bas.

1009. Recherches sur la valeur des monnoies et sur le prix des grains avant et après le concile de Francfort (par Du Pré de Saint-Maur). *Paris, Nyon*, 1762, in-12, bas.

1010. Traité élémentaire de numismatique générale, par J. Lefebvre. *Abbeville, s. d.*, in-8, demi-rel.

1011. Essai sur l'organisation politique de la monnaie dans l'antiquité, par Lenormant. *Paris, Rollin*, 1863, in-8, demi-chag.

Envoi autographe.

1012. Nouveau manuel complet de numismatique ancienne et moderne, par A. de Barthélemy. *Paris, Roret*, 2 vol. in-18 et atlas in-8 oblong., demi-rel. v.

1013. Manuel de numismatique ancienne, par M. Hennin. *Paris, Merlin*, 1830, 2 vol. in-8, fig., demi-rel. v. fauve.

1013 *bis*. A numismatic manual, by J.-Y. Akerman. *London, Taylor*, 1840, in-8, pl., cart., n. rog.

Envoi autographe de l'auteur.

1014. Tratado de las monedas labradas en el principado de Cataluna con instrumentos justificativos, por el doctor don Josef Salat. *Barcelona, A. Brusi*, 1818, 2 part. en 1 vol. in-fol., pl., demi-rel. v. f., n. rog.

Envoi autographe de l'auteur.

1015. Considérations générales sur l'évaluation des monnaies grecques et romaines et sur la valeur de l'or et de l'argent avant la découverte de l'Amérique, par Letrosne. *Paris, Didot*, 1817, in-4, demi-rel. v. f.

1016. Description du musée de feu le prince Basile Kotschoubey et recherches sur l'histoire et la numismatique des colonies grecques en Russie, ainsi que des royaumes du Pont et du Bosphore Cimmérien, par B. de Kœhne. *Saint-Pétersbourg, imp. des papiers de la couronne*, 1857, 2 vol. gr. in-4, pl., demi-rel. chag.

Hommage de la princesse Kotschoubey à M. de La Saussaye.

1017. L'Aes grave del museo Kircheriano, ouvero le monete primitive de popoli dell' Italia media (Marchi a Tessieri). *Roma, C. Puccinelli*, 1839, gr. in-4, pl., demi-rel. v. f., n. rog.

1018. Illustrations of the anglo-franch coinage. *London, Heame*, 1830, gr. in-4, planches, cart., n. rog.

1019. Descrizione delle medagli ispane appartenenti alla Lusitania, Betica e alla Tarragonese che si conservano museo Hedervariano, per Domenico Sestini. *Firenze*, 1818, in-4, pl., demi-rel. v. f., n. rog.

1020. Histoire du cabinet des médailles, par Marion du Mersan. *Paris*, 1838, in-8, demi-rel. v.

1021. Description des médailles et des antiquités du cabinet de M. l'abbé H. G*** (Greppo), par J. de Witte. *Paris, Franck*, 1856, gr. in-8, demi-chag. rouge.

1022. Description des médailles du cabinet de M. de Magnoncourt, par Ad. de Longpérier. *Paris, typ. F. Didot*, 1840, gr. in-8., pl., demi-rel. v. f.

Envoi autographe de l'auteur.

1023. Notice des monnaies françaises composant la collection de M. J. Rousseau, par Adrien de Longperrier. *Paris*, 1847, gr. in-8, fig., demi-rel. dos et coins cuir de Russie, tête dor., n. rog.

Exemplaire sur papier de Hollande, avec un envoi autographe de M. de Longperrier.

1024. Coins of the romans relating to Britani, described and illustrated, by J.-Y. Akerman. *London*, 1844, in-8, pl., cart. n. rog.

Lettre autographe.

1025. Numismatic illustration of the new testament, by J.-Y. Akerman. *London, J. Russell Smith*, 1846, in-8, pl., cart.

Lettre autographe de l'auteur.

1026. Tradesmen's tokens current in London and its vicinity between the years 1648 and 1672, by John-Yonge Akerman. *London*, 1849, in-8, pl., cart., n. rog.

Envoi autographe.

1027. Celtic inscriptions on Gaulish and British coins, by B. Poste. *London, Russell Smith*, 1861, in-8, pl., cart., n. rog.

Lettre autographe.

1028. The coins of the ancient Britons, by the Postel. *London*, 1853, in-8, port. et pl. grav., demi-chag. rouge.

1029. Catalogue of the Pembroke collection. *London*, in-8, demi-v.

1030. Bohl. Die trierischen münzen. *Coblenz*, 1823, in-8, pl., demi-rel. v. f.

1031. Blatter fur Munzkunde Hannoversche numismatische zeitschrift, von d[r] H. Grote. *Leipzig*, 1835, 4 part. en 1 vol. in-4, demi-rel. v. ant.

Lettre autographe de l'auteur.

1032. Tijdschrift voor Munzkunde, P. O. Van der Chijs. *Leiden, J. Luchtmans*, 1838, 2 vol. in-8, demi-v. ant.

1033. Zeitschrift fur Münz. Seigel und wappenkunde kerausgeben, von d[r] B. Koehne. *Berlin*, 1841-1846, 6 vol. in-8, pl., demi-rel. v. f.

Lettre autographe de l'auteur jointe.

1034. Grote. Munzstudien. *Berlin et Leipzig*, 1855-1867, en 17 liv. in-8.

1035. Mélanges de numismatique, publiés par F. de Saulcy, A. de Barthélemy et E. Hucher. *Le Mans, Monnoyer*, 1875, en 5 liv. in-8 broch.

1036. Sauley (de). Mélanges archéologiques et historiques en 1 vol. in-8, demi-rel. v.

Monnaies des ducs de Normandie. — Synchronisme des rois d'Israël. — Note sur quelques monnaies inédites du moyen âge. — Sur des antiquités déterrées à Mainville, etc.

1037. Antiquités de la Perse. Mémoires sur la chronologie et l'iconographie des rois parthes Arsacides, par Ad. de Longperrier. *Paris, Didot*, 1853, in-4, 18 pl. gr. demi-rel. v.

Envoi autographe de l'auteur.

1038. Essai sur les médailles des Perses de la dynastie Sassanide, par Adrien de Longperrier. *Paris, Didot*, 1840, in-4, 12 pl. de médailles tirées sur chine, demi-rel. dos et coins mar. rouge, n. rog.

1039. Essai sur la numismatique des Satrapies et de la Phénicie sous les rois achæménides, par H. de Luynes. *Paris, typ. F. Didot*, 1846, gr. in-4, pl., demi-rel. dos et coins mar. La Vall., tête dor., n. rog.

Hommage d'auteur.

1040. Essai de classification des suites monétaires byzantines, par F. de Saulcy. *Metz, Lamort*, 1836, gr. in-8, rel. pleine en v. fauve, fil. comp., tr. dor.

Envoi autographe de l'auteur.

1041. Examen chronologique des monnaies frappées par la communauté des Macédoniens avant, pendant et après la conquête romaine, par H. Ferdinand Bompois. *Paris, A. Detaille*, 1876, in-4, pl., broch.

Envoi autographe de l'auteur.

1042. Histoire des rois de Thrace et de ceux du Bosphore cimmerien, éclaircie par les médailles, par M. Cary. *Paris, Desaint et Saillant*, 1752, in-4, v. m.

1043. Essai sur les aspres comnénats ou blancs d'argent de Trébizonde, par F. de Pfaffenhoffen. *Paris, Didot*, 1847, in-4. 18 pl., demi-rel. dos et coins chag. rouge.

Envoi autographe de l'auteur.

1044. Recueil de médailles grecques inédites, publié par Édouard de Cadalvene. *Paris, de Bure*, 1828, in-4, pl. grav., broch.

1045. Examen critique de la succession des dynasties égyptiennes, par Brunet de Presle, première partie. *Paris, F. Didot*, 1850, in-8, planches, demi-rel. dos et coins chag. bleu, tr. p.

1046. Diamilla. Memorie numismatiche per l'anno 1847. — Ch. Lenormant. Médailles des 13 premiers arsacides, 1841. — Delle monete dell' imperatore Giustiniano II, regionamento di G. di S. Quintino, 1845, en 1 vol. in-4, pl., demi-rel. v. f.

1047. Description générale des médaillons contorniates, par J. Sabatier. *Paris, imp. Pillet*, 1860, in-4, pl., demi-chag. rouge.

1048. Études historiques et critiques sur les médecins numismates, par le docteur L. Renauldin. *Paris, J.-B. Baillière, s. d.*, in-8, demi-v. f.

Envoi autographe de l'auteur.

1049. Leçons élémentaires de numismatique romaine, puisées dans l'examen d'une collection particulière (par le marquis de Pinz). *Paris*, 1823, planches, demi-rel. v. f.

1050. Histoire de la monnaie romaine, par Th. Mommsen, trad. de l'allemand par le duc de Blacas et publiée par J. de Witte, t. IV. *Paris*, 1875, in-8, pl., broch.

1051. Fac-simile de médailles de familles romaines, consulaires et impériales, de la collection de MM. de Villevêque fils, obtenues par un procédé découvert et appliqué par M. Vergnaud-Romagnési. *Paris, Roret*, 1832, in-8 cart., n. rog.

1052. Catalogo di antiche medagli Consolari di famiglie Romane raccolte da Gennaro Riccio. *Neapoli*, 1855, in-4, portr. et planches de médailles reproduites en or et en argent, carton. n. rog.

1053. Numismata imperatorum romanorum præstantiora, per J. Vaillant. *Romæ, sumptibus C. Barbiellini et Venontii, Monaldini*, 1743, 3 vol. in-4, fig., rel. en parch.

1054. Discours sur les médalles et graveures antiques, principalement romaines, par Antoine le Pois. *A Paris, par Mamert-Patisson*, 1579, in-4, v. f., fil.

1055. Commentaires historiques contenant en abrégé les vies, éloges et censures des empereurs, impératrices, césars et tyrans de l'empire romain, jusqu'à Pertinax, le tout représenté en dix-huict planches de tailles-douces, par J. Tristan, escuyer, sieur de Sainct-Amand. *Paris, P. Billaine*, 1735, in-fol., mar. rouge, fil., dos orné, tr. dor. (*anc. rel.*).

Ex libris aux armes d'un évêque appartenant à la famille bourguignonne des Fehay.

1056. Mémoire sur les voyages de l'empereur Hadrien et sur les médailles qui s'y rattachent, par J.-Q. Greppo. *Paris, Debécourt*, 1842, in-8, demi-rel. v.

Envoi autographe.

1057. Revue de la numismatique françoise, par E. Cartier et L. de la Saussaye. *Blois, imp. Dezairs*, 1836-56, 21 vol. in-8, pl., dont les 16 prem. rel. demi-v., n. rog., les autres broch.

On a ajouté une lettre de l'auteur relative à la fondation de la Revue numismatique.

1058. Revue numismatique publiée, par J. de Witte et Adrien de Longperrier, nouv. série. *Paris, Rollin*, 1856-65, 10 vol. in-8, pl., demi-rel. chag. bl.

1059. Revue de la numismatique belge. *Tirlemont et Bruxelles*, 1845-54, 10 vol. in-8, pl., demi-rel. v. v.

1060. Recueil de Mémoires sur la numismatique gauloise, en 1 vol. in-4, pl., demi-rel. dos cuir de Russie, tête dor., n. rog.

De Penhouet. Médailles armoricaines. — Lagoy. Médailles de Cunobelinus. — Médailles inédites de Massilia. — Médailles inédites ou incertaines. — Baron Denop, trouvaille de l'île de Jersey. — Deville. Médailles de Rouen. — De Crazannes, Akerman.

1061. Ethnogénie gauloise, par Roget de Belloguet. Types gaulois et celto-bretons. *Paris, B. Duprat*, 1861, in-8, pl., br. — Mélanges de litt., par le même, 1873, 1 v. br.

Avec une lettre autographe de l'auteur.

1062. Description des médailles gauloises, faisant partie des collections de la Bibliothèque royale, avec notes, par Adolphe Duchalais. *Paris, Didot*, 1846, in-8, pl., broch.

1063. Numismatique gauloise, en 1 vol. in-4, pl., demi-cuir de Russie.

Lambert. Essai sur la numismatique gauloise du nord de la France. 1844. — Marquis de Lagoy. Mélanges de numismatique. *Aix*, 1845. — Monographie d'une série de médailles d'argent. *Aix*, 1847. — Recherches sur l'armement et les instruments de guerre chez les Gaulois. 1849. — Akermans on the condition of Britain from the descent of Cæsar to the corning of Claudius. — Planches de Tochon.

1064. Numismatique de la Gaule Narbonnaise, par L. de La Saussaye. *Blois*, 1842, in-4, 23 pl. de médailles, broch.

Exemplaire avec les planches tirées sur chine, et texte sur pap. vergé de Hollande.

1065. Lettres sur l'histoire monétaire de France, par Th.-J.-B. Cartier. *Blois, Dezairs*, 1836-50, in-8, fig. et pl. pap. de Holl., cart.

Ce livre n'a été tiré qu'à 25 exemplaires; c'est le n° 2. Il contient, outre un envoi autographe d'une page de l'auteur, un feuillet manuscrit ayant servi à la composition de l'ouvrage.

1066. Considérations historiques et artistiques sur les monnaies de France, par Benjamin Fillon. *Fontenay-Vendée et Paris*, 1850-60, 2 vol, in-8, fig., pap. vergé, demi-rel. chag. La Vall.

Tiré à 160 exemplaires. Dans le second volume se trouve le Catalogue de la collection Jean Rousseau,

1067. Monnaies féodales de France, par Faustin Poey d'Avant. *Paris, Revue numismatique*, 1858-62, 3 vol. gr. in-8, pl., demi-rel. dos et coins mar. La Vall. foncé, tête dor., non rog.

1068. Numismatique du moyen-âge et moderne, recueil factice en 1 vol. in-4, pl., demi-rel. v. f.

Barthélemy. Monnaies des comtes et évêques d'Auxerre. — Versuch einer Munzgeschichte der Elsasses von Berstett. — Desains. Monnaies de Laon. — Friedlaender. Numismata inedita. — Hermand Munzgeschichte der Stadt S. Omer. — Lagoy. Monnaies mérovingiennes trouvées en Provence. 1839. — Langlois. Numismatique de la Georgie. — Lelewel. Notice sur la monnaie de Pologne.

1069. Dissertation historique sur quelques monnoyes de Charlemagne, Louis le Débonnaire, de Lothaire et de leurs successeurs, frappées dans Rome (par Leblanc). *Paris, Coignard*, 1869, in-4, v. j.

1070. Numismatiqne des croisades, par F. de Saulcy. *Paris, Rollin*, 1847, gr. in-4, pl., demi-rel. dos et coins cuir de Russie, tête dor., n. rog.

1071. Recueil de pièces sur la numismatique, en 1 vol. in-8, demi-rel. v. f.

R. Chalon. Fabrication des monnaies avant l'emploi de la presse. — Colson. Découverte de médailles romaines près Noyon. — Zur geschickte der Paonier und Dardaner. — Médailles trouvées à Reims en 1843. — Beitrage zur geschichte und archæologie von Cheronesos in Taurien. — Die beikerschen Falschen Munzen von Pinder. — Sabatier. Production de l'or et l'argent chez les anciens, et hôtels monétaires des Romains et de Bizance. — Soret. Trois lettres des monnaies bysantines. — Lettre à M. J. Olsheusen.

1072. Lettre de l'auteur des recueils de médailles de rois, de peuples et de villes, imprimés en 8 vol. in-4, chez Guérin et Delatour, depuis 1762, jusqu'en 1767 (par Pellerin). *Paris, Delatour*, 1770, in-4, pl., v. m.

1073. Recueil de médailles de peuples et de villes qui n'ont point encore été publiées, ou qui sont peu connues (par Pellerin). *Paris, Guérin et Delatour*, 1763-65, 5 vol. in-4, pl., gr. demi-rel. chag. gren., n. rog.

1074. Médailles du règne de Louis XV, par Godonnesche. *Paris, s. d.*, pet. in-fol., fr. et pl. grav., demi-rel. v. ant.

1075. Souvenirs numismatiques de la révolution de 1848, recueil complet des médailles, monnaies, jetons, qui ont paru en France depuis le 24 février jusqu'au 20 décembre 1848. *Paris, J. Rousseau, s. d.* in-4, pl., demi-rel. dos et coins mar. v. russe., tête dor., n. rog.

1076. Essai sur les monnaies frappées en Poitou, et sur l'histoire monétaire de cette province, par M. Lecointre-Dupont. *Poitiers, Saurin*, 1840, gr. in-8, demi-rel. v. ant.

Dans le même volume : Origine du mot « maille ». — Découverte de monnaies du moyen âge. — Billets de confiance en Poitou. — Histoire monétaire de la Normandie et du Perche.

1077. Recueil des monnaies, médailles et jetons pour servir à l'histoire de Douai et de son arrondissement, par L. Dancoisne et A. Delanoy. *Douai, Obez*, 1836, in-8, pl., demi-rel. cuir de Russie, tête dor., n. rog.

Tiré à 100 exemplaires. Celui-ci contient une lettre autographe de M. Delanoy, signée des deux auteurs.

1078. Essai sur la numismatique Bourbonnaise, par le comte G. de Soultrait. *Moulins*, 1858, gr. in-8, pap. de Holl., demi-rel. dos et coins cuir de Russie, pl. gr., dor. en tête, n. rog.

Exempl. sur papier de Hollande, avec envoi autographe de l'auteur.

1079. Essai sur la numismatique Nivernaise, par le comte George de Soultrait. *Paris, Rollin*, 1854, in-4, demi-rel. dos et coins mar. rouge, tête dor., n. rog.

L'un des 50 exempl. sur papier vergé de Hollande.

1080. Histoire monétaire et philologique du Berry, par Pierquin de Gembloux. *Bourges, veuve Ménagé*, 1840, in-4, pl., demi-rel., v. f.

1081. Barthélémy (de). Monnaies des ducs de Bourgogne. — Robert. Monnaies des évêques de Toul. — De Saulcy. Monnaies des comtes et des ducs de Bar. — Fusco, opere numismatiche. En 1 vol. in-4, pl., demi-rel., v. f.

1082. Recherches sur les monnaies et les jetons des maîtres-échevins (de Metz), et description de jetons divers, par Ch. Robert. *Metz, imp. Nouvian*, 1853, in-4, pl., demi-chag. vert.

Envoi autographe de l'auteur.

1083. Numismatique féodale du Dauphiné, par H. Morin. *Paris, Rollin*, 1854, in-4, pl., demi-mar. bl., tr. peig.

1084. Recherches sur les monnaies des ducs héréditaires de Lorraine, par F. de Saulcy. *Metz, Lamort,* 1841, in-4, pl., demi-rel. mar. gr. long La Vall., tr. m.

Envoi autographe de l'auteur.

1085. Mémoires sur les médailles de Marseille, par Fauris Saint-Vincent, en 1 vol. in-4, demi-rel. cuir de Russie, tête dor., n. rog.

Extrait de l'histoire de Provence de Papon, pp. 647-662. On a ajouté à la suite une notice sur Fauris Saint-Vincent. *Aix, imp. A. Henricy, an* VIII, avec planches gravées.

1086. Recherches sur les monnaies des comtes de Flandre, par Victor Gaillard. *Gand, H. Hoste*, 1852, in-4, pl., demi-chag. gren.

1087. Études numismatiques et archéologiques, par J. Lelewel, 1er vol. type gaulois ou celtique. *Bruxelles, Voglet*, 1841, in-8, veau fauve, fil. sur les plats et atlas in-4, demi-rel. v. fauve.

1088. Histoire numismatique de la révolution belge, par Guioth. avec planches. *Hasselt, Milis*, 1844, gr. in-4, demi-mar. bl., tête dor., n. rog.

1089. Des bractéates d'Allemagne, considérations générales et classification de types principaux, par G.-L. Schlumberger. *Paris, A Franck*, 1873, gr. in-8, 8 planches grav., broch. n. rog.

Histoire littéraire. — Paléographie.

1090. Mélanges d'histoire littéraire, par Guillaume Favre, publiées par J. Adert. *Genève, Rambon*, 1856, 2 t. en 1 vol., in-8, port., demi-rel. v. f.

1091. Histoire littéraire de la France avant le XIIe siècle et au moyen âge, par Ampère. *Paris, Hachette*, 1839-1841, 4 vol. in-8, cart. percal.

1092. Académie françoise, par Pierre de la Primaudaye. *Paris*, 1579. — Suite de l'Académie, 1610, 2 vol. pet. in-8, v.

1093. Recherches historiques et littéraires sur les danses des morts et sur l'origine des cartes à jouer, par Gabriel Peignot. *Dijon, V. Lagier*, 1826, in-8, fig., demi-veau rouge.

1094. Valerius Maximus, cum commento Oliverii Arzignanensis Vicentini. (A la fin). *Impressum Venetiis acte Boneti*

Locatelli, sumptibus nobilis viri Octaviani Scoti civis Modotiensis, 1493, in-fol., lettres rondes, demi-rel. v. bleu.

Taché. Cet exemplaire provient de l'abbaye de Pont-Levoy. On lit sur sur le titre : *Ex libris monasterii B. M. de Pontelevio cong. S. Mauri ord. Benedicti.*

1095. Éléments de paléographie, par M. Natalis de Wailly. *Paris, Imprimerie Royale*, 1838, 2 vol. in-fol., gr. papier vergé, demi-rel. dos et coins mar. vert, n. rog.

1096. Dictionnaire raisonné de diplomatique, par dom de Vaines. *Paris, Lacombe*, 1774, 2 vol. in-8, v. m., fil., pl.

Biographie. — Bibliographie.

1097. Vies des savants illustres, de l'antiquité au XIXe siècle, par L. Figuier. *Paris, Lacroix*, 1866, 4 vol. in-8, fig., demi-rel. mar. rouge, tête dor., n. rog.

1098. Insignium aliquot virorum icones. *Lugduni, apud Joan. Tornæsium*, 1559, pet. in-8, 145 port. gr. sur bois, mar. vert, dent. intér., fleurons sur les plats, tr. dor.

Joli exemplaire relié par Capé. Les portraits sont attribués à Bernard Salomon.

1099. Commentaire physiologique sur la personne d'Horace, par Richard (de Nancy). *Lyon, Savy*, 1863, pet. in-8, demi-rel. dos et coins mar., tête dor., n. rog.

1100. Dictionnaire universel des contemporains, par G. Vapereau. *Paris, Hachette*, 1858, fort vol. in-8, cart. perc.

1101. Le même. Deuxième édition, 1861, cart. perc.

1102. Les savants Godefroy. Mémoire d'une famille pendant les XVIe-XVIIIe siècles (par M. de Godefroy-Menilglaise). *Paris, Didier*, 1873, in-8, broch.

Envoi autographe.

1103. Notice sur M. Daunou par Guérard, suivie d'une notice sur M. Guérard, par M. de Wailly. *Paris, Dumoulin*, 1855, in-8, port., demi-chag.

1104. Vie de l'amiral Duperré, par F. Chassériau. *Paris, Imp. Nationale*, 1848, in-8, demi-rel. chag. bleu.

1105. Un religieux dominicain. Le R. P. Hyacinthe Besson, sa vie et ses lettres, par E. Cartier. *Paris, Poussielgue*, 1865, 2 vol. in-8, port., broch.

1106. Le bric-à-brac avec son catalogue raisonné, par F. Grille. *Paris, Ledoyen*, 1853, 2 tomes en 1 vol. in-12, demi-chag. bleu.

1107. Life of the marquis of Worcester by Henry Dircks esq. *London, Bernard Quaritch*, 1865, in-8, front. grav. et fig. sur bois dans le texte, cart., n. rog.

1108. Manuel du libraire et de l'amateur de livres, par J.-C. Brunet, 5e édition. *Paris, F. Didot*, 1860-65, 6 vol. in-8, demi-rel. chag. rouge, tr. peigne.

1109. Mélanges tirés d'une petite bibliothèque, par Charles Nodier. *Paris, Crapelet*, 1829, in-8, demi-rel. cuir de Russie, tr. m.

1110. Catalogue analytique des archives de M. le baron de Joursanvault. *Paris, J. Téchener*, 1838, 2 tomes en 1 vol. in-8, demi-rel. v.

Collections. — Mémoires des Sociétés savantes. Recueils de Pièces.

1111. Bulletin monumental, publié par M. de Caumont. *Paris*, 1834-54, 20 vol., tables 1 à 21, 2 vol., ens. 22 vol. in-8, pl., demi-rel. v. v.

1112. Congrès scientifiques de France, 22 vol. in-8 reliés et broch.

1113. Séances générales tenues par la Société française pour la conservation des monuments historiques, ou congrès archéologiques. *Caen*, 1841-56, 23 vol. in-8, demi-rel. chag.

1114. Revue archéologique, *Paris*, 1844 à 1869, 36 vol. in-8, pl., demi-rel. chag. v. et rouge, tr. j.

1115. Bulletin archéologique, publié par le comité historique des arts et monumens. *Paris, P. Dupont*, 1843-48, 4 vol. in-8, demi-rel. v. v.

1116. Bulletin du comité historique des monuments écrits de l'histoire de France. Histoire, sciences, archéologie, beaux-arts. *Paris*, 1849-52, 6 vol. in-8, demi-rel. v. v. (*Koehler.*)

1117. Instructions du comité historique des arts et monuments. *Imp. Royale*, 1843, in-4, planches, demi-rel. dos et coins mar. vert.

1118. Revue des sociétés savantes. *Paris*, 1856-67, 24 vol. in-8, demi-rel. chag.

1119. Mémoires lus à la Sorbonne, histoire et archéologie. 1862-68, 14 vol. in-8, demi-rel. chag.

1120. Bulletin du comité de la langue. 1852-57. *Paris*, 1854-60, 4 vol. in-8, demi-chag. rouge.

1121. Archives des missions scientifiques et littéraires, choix de rapports et instructions, publiés sous les auspices du ministère de l'instruction publique et des cultes. *Paris, Imp. Nationale et Impériale,* 1850-66, 9 vol. gr. in-8, demi-rel. v. fauve.

1122. Histoire et mémoires de l'Institut de France, académie des inscriptions et belles-lettres. *Paris,* 1815-61, 24 vol., table par M. de Rozières, 1 vol. — Mémoires lus par les savants étrangers. 1844-65, 11 vol., ens. 36 vol. in-4, demi-rel. dos et coins chag. rouge.

1123. Histoire de l'Académie des Inscriptions et Belles-Lettres. T. 23, 1re et 2e p., 2 vol. — Notices et extraits des manusc. de la Bibliothèque impériale, t. 22, 2 p. 1 vol. — Mémoires présentés par divers savants, t. 7, 2 part., 2 vol. — t. 8, 1re part. 1 vol. — Discours et rapports, 1860-69, 1 vol.

1124. Mémoires de l'Institut impérial de France, académie des des inscriptions et belles-lettres. Mémoires t. 22, (table du t. 12 à 21), 1 vol. — t. 23, 2e part., 1 vol. — t. 25, 2 part., 2 vol. — t. 26, 2 part., 2 vol. — t. 27, 2e part., 1 vol. — t. 28, 1e part., 1 vol.

1125. Recueil des discours, rapports et pièces diverses lues dans les séances de l'Académie française, 1803-59. *Paris, Didot,* 1847-59, 6 vol. in-4, demi-chag. v.

1126. Académie des inscriptions et belles-lettres, comptes-rendus des séances, 1857-66. *Paris, A Durand,* 1857-66, 10 vol. in-8, demi-rel. dos et coins chag. rouge, tr. peign.

1127. Mélanges d'archéologie, précédés d'une notice sur la Société des antiquaires de France, par S. Bottin. *Paris,* 1831, in-8, pl., demi-rel. v. f.

1128. Mémoires de la société des antiquaires de France. *Paris,* 1817-68, 30 vol. in-8 et 1 atlas in-fol. oblong contenant les planches de 1824 à 1836, pl., demi-rel. v. f.

1129. Annuaire de la société des antiquaires de France, années 1848-55, 8 t. en 4 vol. in-12, demi-veau fauve.

1130. Bulletin de la Société de l'histoire de France, tomes 1 et 2. *Paris, J. Renouard,* 1834-1835, 4 vol. gr. in-8, cart., n. rog.

1131. Annuaire historique, publié par la Société de l'histoire de France, 1837 à 1850, *Paris, Renouard,* 1836 à 1850, 14 vol. en 7 tomes, demi-rel., n. rog.

1132. Académie de Sainte-Croix d'Orléans. Lectures et mémoires. *Orléans, H. Herluison,* 1865-1872, tomes 1 et 2, in-8, broch.

1133. Société archéologique de l'Orléanais. Mémoires tomes 1 à 11. Bulletins, t. 1 à 3. *Orléans*, 1851-1868, 14 vol. in-8, pl., demi-rel. chag. bl., tr. j.

1134. Mémoires de la Société archéologique de Touraine. *Tours, imp. Mame*, 1842-54, 6 tomes en 3 vol. in-8, plus tomes 11, 24, 25 et 26, planches, demi-rel. veau rouge.

1135. Société des antiquaires de l'Ouest. *Poitiers*, 1836-1868. — Mémoires, 1835-1856, 23 vol. — Bulletin, 1835-1867, 9 vol. Ens. 32 vol. in-8, demi-rel. chag.

1136. Bulletin de la Société archéologique et historique de la Charente, années 1859, 1866, 1868-1870. *Angoulême*, 1863-1864, 6 vol. in-8, dont 4 pl., demi-chag. La Vall. et 2 broch.

1137. Mémoires de la Société des antiquaires de la Normandie. *Caen*, 1824-1836, vol. in-8, pl., demi-rel. veau fauve.

1138. Mémoires de la Société littéraire, historique et archéologique de Lyon. 1874-1876, gr. in-8, broch.

1139. Mémoires de l'Académie de Lyon, sciences et lettres. *Lyon*, 1845-1863, 28 t. en 14 vol. in-8, demi-rel. chag.

1140. Mémoires de la Société d'histoire et d'archéologie de Châlons-sur-Saône, années 1847, 1848, 1849, 3 vol. in-4, pl., broch.

1141. Memorial historico espanol de la real Academia de la Historia. *Madrid*, 1851-53, 5 vol. in-8, demi-rel. v. rouge.

1142. Recueil de pièces, 11 vol. dont 8 in-8, et 3 in-4, demi-rel., v. ant., n. rog.

1143. Mélanges historiques, littéraires, archéologiques, 1818-1838, 10 vol. in-8, cart. bradel, n. rog.

Dons d'auteurs.

1144. Recueil de pièces. Mélanges politiques, littéraires et historiques, 1825-1838, 7 vol. in-8, fig., cart. bradel rouge, n. rog.

Hommages d'auteur.

1145. Mélanges historiques, choix de documents, t. Ier. *Paris, Imp. Nat.*, 1873, iu-4, cart., n. rog.

1146. A. Vacquerie. Les miettes de l'histoire. *Paris, Pagnerre*, 1863, in-8, rel. chag.

1147. L'Autographe, 1865, 1870-71, en 2 vol. in-fol. oblong, demi-rel.

DOCUMENTS MANUSCRITS

1148. Récit de la translation du corps de saint Laumer et des miracles arrivés à cette occasion. Manuscrit du XIe siècle de 13 feuillets in-4, parchemin. Au f° 1 v° : *Conflictus veris et hiemis.*

1149. Obituaire de la paroisse de Notre-Dame de Françay, avec les extraits des testaments faits en faveur de la fabrique et du prieur (XVe et XVIe siècle). Un registre in-4, parchemin.

1150. Compte et détail du domaine du comté de Blois en 1723. Un reg. in-folio de 209 feuillets pl., pap.

1151. Inventaire des biens et des titres de la cure d'Avaray en 1770. Reg. in-4 de 360 feuillets, papier. — Inventaire des biens et titres de la fabrique d'Avaray en 1770. Reg. in-4 de 261 feuillets, papier. — Titres appartenant en commun à la fabrique, à la charité et à la cure d'Avaray. Recueil factice formant un reg. in-4.

1152. Chartes concernant l'abbaye de Bourgmoyen, 1147-1487, 5 p. sur parch., 2 p. sur pap. — Donation à l'abbaye de Bourgmoyen de Blois : de l'église de Jussey et de la dîme d'Herbault (1147) ; des menues dîmes de la Folletière (1189) ; concession d'indulgences aux personnes qui visiteront la chapelle construite dans le couvent de Bourgmoyen, en l'honneur des reliques de saint Mammès (1315), etc.

1153. Titres concernant l'abbaye de Gastines, 1231-1487. 5 p. sur parch., 1 p. sur pap. : donation d'une terre à Blémons (1231) ; acquisition de la dîme de Santenay (1234) ; transactions entre l'abbé de Bourmoyen et le prieur de Santenay (1265 et 1266).

1154. Titres concernant l'abbaye de Marmoutier, Xe siècle, 1253, 4 p. sur parch. Donation à Marmoutier : du droit que payaient les bateaux au port de Blois (Xe siècle); de l'église de Chouzy usurpée par des laïques (vers 1130); jugement de la cour de Rome au profit de Marmoutier, contre le comte de Blois qui avait commis de nombreuses vexations au détriment de l'abbaye (1253).

1155. Titres concernant l'abbaye de Pontlevoy, 1155-1523, 14 p. sur parch. Bail de maisons à Tours (1555); accord entre l'abbé de Pontlevoy et les curés de Chaumont et de Billy, au sujet des dimes des novales (1248); bulles des papes Alexandre IV (1260), Clément IV (1266) et Nicolas IV (1280); confirmation des privilèges de l'abbaye de Pontlevoy; accord entre le comte de Blois et l'abbé de Pontlevoy, au sujet des tailles levées sur les habitants de Pontlevoy, Sambin et Thenay (1251).

1156. Titres concernant les monastères de Saint-Laumer et de La Guiche, 1098-1463, 6 p. sur parch., 1 p. sur pap. Donation par la comtesse Adèle à l'abbaye de Saint-Laumer, d'une partie de la forêt de Marchenoir (1098); copie de la donation par le comte de Blois aux religieuses qui seront établies au couvent qu'on a commencé à fonder, qui sera appelé la Garde-Notre-Dame, d'une grange, terres, rentes (mars 1278); bulle du pape Nicolas IV, touchant la fondation de l'abbaye de La Guiche (1288); acquisition du moulin de La Guiche (1299).

1157. Titres concernant le chapitre de Saint-Sauveur de Blois, et l'abbaye du Petit-Cîteaux, 1406-1535. 7 p. sur parch. Acquisitions, baux, rentes.

1158. 1163-1285, 11 p. sur parch. Donations : au prieur d'Orchaise (1163); à l'Hôtel-Dieu de Beaugency (1176); à la maison des lépreux de Blois (1183); confirmations de la charte d'affranchissement des habitants de Blois (1213, 1218, 1248); contestation entre Robert de

Brenne et Geoffroy Borel, seigneur de Bury (1215) ; affranchissement de Pierre Gaultier par Jean d'Amboise (1220) ; concession d'un droit d'usage dans la forêt de Boulogne (1276), etc.

1159. 1289-1632, 27 p. sur parch., 2 p. sur pap. Donation au prieuré de Moncé, d'un droit d'usage dans la forêt de Blois (1289) ; vente de la moitié d'une serve (1292) ; procès-verbaux de la délivrance de la monnaie de Blois (1314) ; aveu au comte de Blois, par Jean de Bonnault (1342); arrêt relatif à la Maison-Dieu de Suèvres (1545) ; érection de la confrérie de l'Annonciation au collége des Jésuites de Blois (1632).

1160. 1470-1645, 6 p. sur parch. Montre des nobles du comté de Blois (1470) ; paiement des terrains affectés au jeu de paume de Blois (1551) ; réception des turcies de la Loire (1555) ; permission de chasser sur les terres de La Ravinière (1533) ; rôle d'une montre faite dans la plaine de la Boulie (1599).

1161. 1419-1645, 25 p. sur parch. Actes passés entre divers particuliers : vente d'une maison à Santenay (1419) ; déclaration du fief de Molignas (1447) ; vente d'une maison à Blois (1472) ; baux de terres à Lorges, Onzain, etc.

1162. Trois lettres autographes d'Isaac Papin, cousin de Denis Papin, datées de Blois, les 6 et 24 octobre et 27 novembre 1695, adressées à M. Thoinard, au sujet de « la machine à dissoudre les os », inventée par son cousin Denis Papin, qu'il a essayé de faire mettre en pratique en France, en l'absence de ce dernier, qu'il croit toujours à Marbourg dans la Hesse : description avec dessins de cette machine, énumération des modifications qu'il y a apportées.

1163. Lettres de Michel Bégon (né à Blois en 1638, intendant de la Rochelle, bibliophile et numismate), datées de Rochefort, La Rochelle et Blois, relatives à des manuscrits et médailles, 19 pet. in-4, cachets, 1689-1705.

1164. Autographes Blésois : Lettre de Bazin donnant des détails sur la contagion à Blois (oct. 1603) ; quittance d'une rente par Jean Morin, prêtre de l'Oratoire (1646) ; lettres de Charlotte du Saint-Esprit de Beaulieu, prieure des Carmélites de Blois à M. de Beauharnais, intendant de La Rochelle (fin du XVIIe siècle) ; de Théodore de Blois, père capucin, qui travaillait à l'histoire de Rochefort, demandant des renseignements sur Michel Bégon (Rochefort, 17 sept. 1729) ; de Fariau de Saint-Ange au comité de législation (*s. d.*).

1165. Memoriale Temporum (par Vincent de Beauvais), avec obituaire, in-4 rel., mod. imit. du XVIe siècle.

Manuscrit du XIIIe siècle sur vélin, provenant de l'abbaye de Pont-Levoy.

Pour les autres Manuscrits, voir les n°s 20, 30, 453, 477, 500, 540, 549, 566, 578, 580, 586, 601, 840.

TABLE DES DIVISIONS

IMP. GEORGES JACOB, — ORLÉANS

www.ingramcontent.com/pod-product-compliance
Ingram Content Group UK Ltd.
Pitfield, Milton Keynes, MK11 3LW, UK
UKHW020329180726
13839UKWH00002B/611